旅游产业网络机制研究

基于价值、治理与知识的三维视角

杨 颖/著

中国书籍出版社
China Book Press

图书在版编目（CIP）数据

旅游产业网络机制研究：基于价值、治理与知识的三维视角/杨颖著. --北京：中国书籍出版社，2020.12
ISBN 978-7-5068-8323-8

Ⅰ.①旅… Ⅱ.①杨… Ⅲ.①旅游业发展—研究—中国 Ⅳ.①F592.3

中国版本图书馆 CIP 数据核字（2021）第 010199 号

旅游产业网络机制研究：基于价值、治理与知识的三维视角
杨 颖 著

责任编辑	李国永
责任印制	孙马飞　马 芝
出版发行	中国书籍出版社
地　　址	北京市丰台区三路居路 97 号（邮编：100073）
电　　话	（010）52257143（总编室）（010）52257140（发行部）
电子邮箱	eo@chinabp.com.cn
经　　销	全国新华书店
印　　刷	三河市天润建兴印务有限公司
开　　本	710 毫米×1000 毫米　1/16
字　　数	185 千字
印　　张	12.75
版　　次	2021 年 6 月第 1 版　2021 年 6 月第 1 次印刷
书　　号	ISBN 978-7-5068-8323-8
定　　价	49.80 元

版权所有　翻印必究

前　言

近年来多重领域的革新不断影响着传统旅游业的面貌：信息技术改变了旅游业的"点线"盈利模式，产业融合诱发出多种新型业态，多元参与旅游政策制定成为趋势，知识管理日渐成为旅游管理主题……可以说旅游世界正在变"平"，旅游产业正在向模糊化、无边界化发展，组织结构进一步柔性化和扁平化。以往观察旅游业的一些静态的、单一化的、直线式的观点需要用动态的、复杂的、迂回的网络范式进行丰富和拓展。网络范式强调协作、创新，关注盈利模式、利益协调和核心要素等主题，当网络思维进入价值、治理和资源研究领域时，便产生了价值网络、政策网络以及知识网络的认识，给旅游业研究带来了启发。

就此，本书提出旅游产业网络概念，即为了满足旅游需求，由同一产业或不同产业主体形成的旅游网络系统，不仅包含旅游相关的企业组织还包括非商业组织、政府、民间组织、学术单位等。旅游产业网络具有异质性、多重性、动态性、创新性和学习性等特征。其运行机制主要反映在三个方面，即价值、治理和知识机制，三个机制对应的旅游价值网络、旅游政策网络和旅游知识网络相互嵌入，反映旅游产业网络不同维度的运转功能，产业网络中的每个节点既是价值环节也是治理成员，同时还是知识原点。三者紧密联系，相互影响，三位一体。

这三方面的探讨对我国当前旅游业发展具有非常重要的意义。首先，价值网络的认识为旅游业向纵深发展提供了理论空间，打破"旅游资源不可造"的铁律，冲破"三要素、四大支柱"结构认识的束缚，超越价值链式的思维惯性，从更加立体角度认识旅游价值延伸潜力，为阐述旅游新业态提供了理论基础。其次，旅游产品是一个兼具私人和公共两重性的产品，因此旅游业的治理不单是商业利益的协调，更主要的是公共利益实现。政策网络是一种新的公共治理模式，在全球化、"市场失灵"和"政府失灵"背景下，旅游业在社会多元治理结构中需要采用新的观念和方式，建立利益相关者之间的良性互动关系，同时旅游政策不再是一个结果而是一个多主体参与的过程。当前旅游开发和政策制定中遇到了多重利益阻力，通过这一研究寻找一个解决思路。再次，创新一直被旅游业忽视，知识管理也受到业界的抵触，而知识活动是产业网络的本质特征，价值创造和治理过程伴随着知识的整合，旅游创新的路径在于对知识的共享，才能实现旅游业的竞争力和可持续发展。同时，这三个方面又是紧密联系的，价值机制是旅游产业网络的经济功能；治理机制保证价值机制的顺畅，知识机制的效率影响着旅游产业网络价值创造和治理的创新活力。简单概括就是价值机制是产业网络的核心，治理机制是政策保障，知识机制是创新路径。

对旅游产业网络的价值机制研究显示，旅游业内部异质性和外在环境的快速变化驱使旅游业选择网络化价值创造模式，因此具备了交互运动、快速反应等特点。旅游产业网络成员不仅获得了互补的资源禀赋、知识共享路径和关系资产等共有网络租金，还获得了"背书效应"等私有网络租金。价值网络中存在着多种中间型组织形式，如战略联盟、集群、外包、虚拟企业等。这些多变的准市场协调契约关系形成了多维向量体系，具有非一体化合作、组织间协作、超市场契约等特征，成员不局限于某一产业，只是对旅游活动的依存程度不同。价值网络内出现了关系、模块和领导型等三类适应网络化发展的协调方式。对旅游新业态，本书从价值网络角度进行解析，认为旅游新业态是在产业融合推动下旅游产业价值网络演化的结果,是价值网络不断创新解构的结果,给旅游业带来改变发展模式等多重意义。

对旅游产业网络治理机制研究显示,政策网络的形成和功能的发挥使政府与社会相互依赖。旅游产业的政策和相关的公共政策的制定和执行应在相互依赖的行动者、利益者网络中完成。这需要政府重新自我定位,公权力进行回归,鼓励社会多元参与。网络主体的不同的利益诉求要在网络互动中产生协调结果,使政策动态化、过程化、参与度加大。旅游业不进行网络治理会导致利益不平衡,带来社会、环境和文化负效应的扩大,从根本上动摇可持续发展的实现。目前在旅游目的地危机、旅游目的地复兴、旅游扶贫等领域进行了类似的网络治理尝试。

对旅游产业网络的知识机制研究显示,旅游产业网络与知识具有天然联系,知识在网络内上升为核心要素。旅游产业网络内进行着知识储备、获取、转移、吸收,在价值和治理过程伴随着知识活动,产业网络内的价值和治理层面的合作创新依靠知识在旅游产业网络内的整合。

在各层机制独立和互动研究的基础上,本书概括出三个机制的关系模型,即通过知识共享实现价值和治理为内涵的旅游产业网络合作创新。构建了知识路径的旅游创新评价模型,以南京市部分旅游相关企业和组织为样本进行了验证。随后提出了旅游产业网络政策启示,针对各层面机制对旅游业发展的诉求,较具体地提出了多项建议,包括把握产业网络演变方向、重视知识管理、加强多元参与等。

目 录

第一章 导论   2
  一、问题的提出   2
  二、研究的问题   7
  三、研究的理论基础及方法   8
  四、本书的内容与结构   10
  五、论文的创新点   13

第二章 旅游产业网络机制三维度研究的理论框架   15
第一节 产业网络   16
  一、产业网络的内涵   16
  二、产业网络的理论溯源   17
  三、产业网络的三个维度   20
  四、三维度的同源—分化—聚合   26

第二节 旅游产业网络   28
  一、旅游产业网络内涵   28
  二、旅游产业网络的三个维度   33
  三、旅游产业网络的三位一体   35

第三章　旅游产业网络价值机制　38

第一节　旅游业价值网络　39
一、旅游价值网络的形成　39
二、旅游价值网络特征　41
三、旅游价值网络租金的来源　43
四、旅游价值网络中的组织形式　46
五、旅游价值网络协调　53

第二节　价值网络创新：旅游新业态　60
一、旅游新业态的认识　60
二、新业态的价值构筑　63
三、案例分析：旅游业与创意产业融合的新业态　84

第四章　旅游产业网络治理机制　98

第一节　旅游业网络治理　99
一、旅游产业网络利益分析　99
二、旅游产业网络治理机制　107

第二节　旅游业网络治理实践　114
一、旅游目的地危机网络治理　114
二、旅游扶贫的网络治理　116
三、旅游目的地复兴　118

第五章　旅游产业网络知识机制　122

第一节　旅游产业网络的知识活动　122
一、网络与知识的关系　122
二、旅游产业网络的知识活动　125

第二节　旅游产业网络知识合作创新　132
一、旅游业创新认识模式演变　132
二、旅游产业网络知识合作主体　136
三、旅游产业网络知识合作形式　144

第三节　旅游价值和治理过程的知识合作创新　　149
　　一、旅游产业网络价值创造过程的知识活动　　149
　　二、旅游产业网络治理过程的知识活动　　154
　　三、价值和治理的知识合作创新过程　　158
　　四、评价模型的构建　　160

第六章　政策启示　　169
　　一、旅游产业网络价值机制政策启示　　170
　　二、旅游产业网络治理机制政策启示　　174
　　三、旅游产业网络知识机制政策启示　　176

结论与展望　　181
参考文献　　184

第一章

导 论

一、问题的提出

关于旅游产业组织及其运行机制一直以来被学界所关注,因为旅游业并不是一个"规范"产业,成员异质性强、延展度大、服务个性化程度高、合作随机性明显,这种复杂性加大了学者分析产业机制的难度,而且随着信息技术的渗透和全球化的加深,旅游企业的盈利模式和协作领域进一步丰富和扩展,跨界发展屡见不鲜,学者们尝试用多变的、适应性强的网络范式研究旅游产业及其运行机制。

Tremblay(1998)曾将旅游产业组织的认识总结为三类:非产业观、类产业观和协作型产业观。第一种观点直接指出旅游业不具备产业构成要素,不是一个产业,而是一个复杂的市场。第二种观点出于旅游业的商业重要性考虑,认为旅游即使不是一个产业也是一个为旅游者这一特殊消费者提供服务而相互联系的企业所构成的部门。Leiper(1979)作为第三种观点的代表人物对旅游业进行了重新定义,将其含义从技术上替代扩展到相互协作,奠定了旅游系统的协作观。他指出旅游产业包括多个部门,如交通、接待、分销和吸引系统等,这个范围内的企业只要不是被动或偶尔参与到旅游中来,就被看作是旅游业的成员。国内学者曹国新(2007)认为"旅游产业以缀块、边缘和混杂为生成机制",郝索(2004)指出旅游业具有"综合性、边缘性和刚性、市场集中度低、布局松散、产业链条不全等特点"……Tremblay 指出旅游业虽然不符合规范的产业定义,但具有组织性和复杂的网络特征,自此网络范式正是进入到了旅游学者的视野。随之纷纷而来的是运用网络分析工具的实证研究。如 Anne Zahra(2007)以混沌理论和复杂性理论研究了新西兰区域的旅游组织结构。Noel Scott 和 Chris Cooper(2007)运用 NA(network analysis)研究了在一个旅游目的地的组织网络的结构特征，通过对澳大利亚四个地区的研究，展示了产品集群，结构性分区和中心组织。台湾学者 HsinYu Shih（2008）针对自驾游目的地的网络特征进行了定性研究，同样使用 NA 方法对设施的定位和类型给出了建议。另外，Marina Novelli（2006）通过对旅游业的网络和集聚研究寻找中小企业的创新机会，增强竞争力。

总之，目前的研究情况是应用研究多于理论研究，旅游学者借鉴了大量的网络研究工具来实证研究旅游的现象，但对旅游产业运行机制问题，笔者认为还没有突破 Leiper1979 年的论述。不过随着产业网络化的发展，Leiper 理论的解释力正在下降，首先他的研究范畴还没有涉及更多的相关产业，其次，当时的信息化和网络化对产业的改变还没有如今这样巨大，因此带来的产业运行冲击也是当时理论所不能预料的。特别是产业价值创造机制、治理机制和学习机制的研究，其网络化的理论探讨需要深入进行。

（一）旅游产业价值机制的研究评述

旅游业价值创造研究大多以价值链的理论为基础，沿用线性和链条式的分析模式，但随着信息化和组织柔性化的发展，各学者也都纷纷提到要进行价值链的融合和重构。从这一点可以看出对旅游业价值网络的分析提出了需求和期望。刘亭立（2008）借助于价值链分析理论，通过对旅游上市公司的实证检验和个案分析，探析我国旅游产业的价值链构成形态及其特征，提出价值链的融合与优化是未来集团型旅游公司发展的趋势。陆载明（2006）在旅游信息化背景下，结合价值链理论，分析了传统旅游价值链的局限性，以及旅游信息化对旅游价值链的影响，提出了新的旅游价值链，并提出价值链重构的必要性。Rosenberg（2004）强调了信息技术带来的技术创新对旅游业的影响，以及其如何改变着旅游的商业模式以及人们出行的方式，更多地借助网络和网络联合形成的组织。刘蔚（2006）运用价值链（网）理论初步对旅游业的价值机理和分配进行了探讨，具有很强的借鉴意义。但目前缺乏对旅游业价值网络形成、网络租金、企业组织形式和协调方式的研究。

（二）旅游产业治理机制的研究现状评述

一直以来，旅游业的治理问题以旅游利益相关者的研究居多。目前，旅游利益相关者理论的研究已经积累了相当的成果：栗路军（2011）对国内旅游利益相关者研究进行了综述和归类；郭华（2008）在搜集分析相关文献的基础上，较为系统地对国外相关研究进行了归纳和评述；李正欢（2006）对利益相关理论在国外旅游领域研究的缘起、研究概况、研究内容进行了总结。较全面的综述性文章显示，旅游利益相关者理论研究的活跃程度。

利益相关者理论从战略研究发展出来，从企业角度审视与外界关系，在探讨旅游产业利益协调、公共治理问题时，还可以从组织外的，中观层面去认识。此外，网络在利益相关者理论的多元参与基础上，将行动者看成是有着平行步伐的，没有优势位置的成员，包括政府在内。在网络中公共政策指定常常是在相互冲突的理性、利益和策略而又相互合作与不合作过程中博弈进行的（李瑞昌，2004）。国外学者在这方面已经引入了网络治理的相关理论。Jon Sundbo（2007）指出旅游业是一个体验产业，中小企业的作用不容忽视，用网络范式研究旅游竞争力和创新力，并以英国的Lifestyle计划作为引证，强调利益相关体的重要作用。2008年北欧旅游创新系统报告以国家创新理论、产业创新理论和创新系统理论为分析基础，对北欧的旅游业创新情况做出了较全面的研究，提出了一系列政策建议，特别强调了政策网络的作用。Dianne Dredge（2006）以澳大利亚新南威尔士州的Macquarie湖为范本研究了产业网络内私人和公共机构合作治理的机制，提出培育积极的网络环境和主动参与的社区是实现合作的有效前提。总的来说政策网络以及网络治理的理念进入到了旅游界，其运行网络结构、调整功能、实践领域等问题还没有研究和阐明。

(三) 旅游产业知识机制的研究评述

旅游实业界对知识管理似乎有着一种天生抵触情绪（Chris Cooper, 2008），旅游业对创新管理战略的采用反应相当迟钝，而且关于旅游业知识管理研究也很有限（Xiao Honggen, 2006），低技术密度的行业特征与中小企业为主的旅游行业结构是知识管理缺乏的主因。李仲广（2008）关于我国旅游业研发水平实证研究认为我国旅游业缺乏对知识管理的重视。饶勇（2009）等研究者发现旅游企业的创新知识转化率极低。Xiao Honggen（2008）指出大型旅游公司比中小型旅游企业，更可能采用知识管理战略。相当多的旅游企业采用的是质量管理而不是知识管理，因而缺乏创新能力，难以适应竞争激烈且多变的环境。

知识机制研究逐渐被旅游学界所认识，特别是中观产业、目的地层面的研究逐步增多：Tribe（1997）对旅游目的地系统研究中的知识管理进行了初步研究，Hawkins（2004）对旅游的知识传递的途径和方式进行了研究。Susanne Jensen（2004）以丹麦为例初步探讨产业和学界的知识转移问题，认为网络和联盟是企业与公共机构进行知识转移的方式，其结构直接影响知识创造。Robin（2001）认为服务业的知识转移与制造业不同，是顾客与服务者的双向过程。Meng-Lei Monica（2009）指出知识共享、团队文化与旅游服务创新有密切联系，因此要提高创新度首先要注意团队建设和知识共享的保障。在 Stamboulis 看来，旅游业在知识创新没有多少进展主要因为本行业的业界和学术界的沟通程度与其他行业相比有很大的差距，学术研究很少真正影响旅游的现实世界（Jen-Te, 2004）。可以看出，以上的研究具有不同的侧重点，反映旅游业知识网络的某个方面，但缺乏整体性的阐述和分析。网络范式下的知识管理的重要问题尚未破题，以网络视角透视目的地知识管理在未来研究中将是一个内涵丰富且有探讨价值的研究领域（王素洁，2009）。

通过以上的回顾，可以发现一个普遍问题，就是网络认知模式已经被旅游界所接受和运用，但理论化的研究以及具体机制的阐述还没有夯实，缺少一种理论力量。恰恰这些方面的研究对旅游业又具有非常重要的现实意义和指导意义。首先，旅游新业态创造的一个个行业新模式启发我们旅游业的发展不是稳定的单向循环，而是动态、多维、交互式的调整创新过程，价值机制需要放在网络环境下重新考量。其次，旅游业动态和多元性使得政府管理部门无法单独治理，需要与其他旅游利益相关者形成绵密互动、相互依赖的网络，治理机制的网络化研究显得非常紧迫。另外，旅游业网络化发展使核心资源由旅游资源演变成知识资源，管理主题由旅游资源管理扩展为知识管理，相关知识机制研究变得异常重要。这三个方面的机制又是紧密联系在一起的，价值创造机制凸显旅游业的经济贡献能力和发展空间，但没有治理机制的保障，维护产业网络主体的利益和权益，容易造成生态环境恶化、旅游地居民受损等诸多负面效应，导致价值创造无以为继，不能可持续发展。在价值创造和治理过程中，网络模式要求必须进行知识传递和共享，只有通过主体间的学习和知识分享，才能创新出新的盈利模式和治理方案，适应多变的行业发展环境。总之，网络范式下探讨旅游业运行机制就离不开对这三方面的全面认识。只有将这些问题和关系阐述明确，才能更清晰地认识旅游业的运行规律。使旅游企业认识到价值创造的规律和盈利空间的开辟，提高旅游企业的商业模式运作效率，增强成长性和竞争力，启示政府部门发动社会多元力量合作实现旅游项目的完成，呼吁旅游界对知识管理的重视以及创新意识的确立，只有不断地创新，才能寻找到蓝海，超越竞争。

二、研究的问题

在以上的背景之下本书致力于构筑四大块内容，解决五个问题的理论框架，即理论研究的基础、分析具体机制运行、实证检验理论和获取政策启示。其中，分析旅游产业网络的内涵和特质具有基础性质，分析产业网络的每个层面的运行机理，是理论运用的具体表现，政策启示是如何在产业网络分析语境下，提出相应的政策策略和管理方式。解决五个问题具体如下：

问题一：旅游产业网络的理论基础以及旅游产业运行机制的关系。旅游产业理论性不强一直困扰着我们对旅游业的研究，如何整合产业网络的相关理论，夯实理论平台，并构建出研究的理论层次框架，成为本书下一步深入研究的基础。

问题二：旅游产业网络的价值机制。以"价值链"为代表的静态旅游产业观逐步被"价值网络"的动态观所取代，在不断与其他产业融合中，增值空间不断被拓宽，涌现出了在线旅行社、旅游集散中心、旅游信息呼叫中心等新业态，景点加交通的产业"点线经济"模式被迂回、网络化的价值创造模式所替代。因此需要对旅游价值网络的形成、特征、网络租金、组织形式以及协调方式进行深入研究。同时运用这些理论来解释旅游新业态的形成和发展趋势。

问题三：旅游产业网络的治理机制。旅游业利益主体的网络化使权力中心、组织关系、组织边界、权力来源、运行逻辑、信息流通以及思路的构建都有实质性变化，政府单一僵化的应对机制在目的地危机处理、目的地复兴、旅游扶贫、目的地联合营销以及旅游产学研合作等领域越来越捉襟见肘，需要新的治理方式，达到最大程度保证快捷有效以及公共权力向社会回归，实现旅游可持续发展目标。目前旅游界大多采用利益相关者理论，集中在利益相关者的界定、利益相关者的权力、利益和关系等几个方面，虽然提出了"多中心参与"的战略目标，但解释力没有政策网络理论更贴切更适宜，主体间的利益诉求、行为博弈和治理功能等都没有深入地探讨，这是本书要解决的重要问题。

问题四：旅游产业网络的知识机制。网络范式下的核心问题是知识的传递和共享，传统方法已经不能为旅游管理提供应对环境不确定情况下的解释了，原因在于孤立地看待旅游业中的每一部分，而不能整体网络化地认识。知识已经成为旅游企业的战略资源，战略中心始终围绕着知识管理和持续学习，竞争优势取决于获得并整合知识的能力，这就道明了知识管理在网络组织层面的重要作用。因此，本书需要回答网络范式下旅游产业的知识转移和创新的机制，以及在价值创造和治理过程中的知识活动及作用。

问题五：政策启示。经过深入的研究与阐述，旅游业的管理和政策制定会随着网络化范式应用引入新的要素和新的理念，在相应方面产生政策诉求，亟待解决。

三、研究的理论基础及方法

（一）研究的理论基础

产业组织理论经历了哈佛学派的 SCP 竞争分析范式和芝加哥学派的企业行为垄断分析范式的交替统治，进入到了竞争向垄断的过渡时代（李海舰，2004），网络范式回应了经济全球化、网络化和信息化。网络范式下，产业内组织是异质性的，关注企业之间的相互作用和联系，这些联系不仅是市场联系还有非市场联系。产业网络理论进一步认为，从资源拥有和相互联系角度考察产业网络，其主体不仅包括企业，还应该在更广泛的范围上包括政府、中介组织机构、培训机构、个人等。主体间的活动不仅有价值活动，还有彼此利益调整的治理活动以及相关的知识创新活动，价值网络理论、政策网络理论和知识资源等理论为研究以上活动提供了理论支撑。可以说旅游产业网络机制研究所运用的理论如同旅游产业一样复杂而多元，关键在于对不同理论梳理和整合，服务研究的中心目标，构造有机的理论基础框架。本书对理论梳理分成两个层次，第一个层次中，网络组织和社会网络理论作为产业网络形成的理论基础，解释了产业网络的组织结构和嵌入性基础问题。第二个层次中价值网络、政策网络和知识网络理论解释了产业网络具体运行机制。这两个层次理论有着密切的联系，前者是后者的理论基础，后者从前者衍生出来，是前者在某方面的具体阐述。通过以上的理论演绎所构建出的框架，为旅游产业网络三维度研究打下了扎实的基础，为全文的内容展开提供了路线。

（二）研究方法

1. 文献阅读与调查咨询相结合的方法

国内外关于旅游业组织的研究很多，但站在网络化角度，立体化、分层面地研究较少，仅仅散见于一些相关的文献中。为了充分利用已有的研究成果，笔者阅读了大量的国内外文献，并为了使研究切合实际，还需要咨询相关专家，对旅游企业、高校和旅游组织进行调查，并对相关人士进行现场访谈。

2. 用理论演绎与实证研究相结合的方法。

理论部分，旅游产业网络的机制研究需要对现有理论进行梳理和整合，围绕旅游业的复杂性和多元化进行应用解释，这需要严密的理论演绎。这种深入研究推进了组织网络化针对某个产业的应用性解释，对旅游业有一个新的认识，即它属于网络化的、无边界中间型组织，价值创造、治理和知识管理都具有网络化的特征。

实证研究部分，在充分借鉴国内外研究成果基础上，综合大量的问卷，设计出适合我国旅游产业网络知识创新评价模型。

3. 定性与定量分析相结合

做到定性研究与定量研究相结合，注重研究过程的数理分析。实地考察部分在多个旅游目的地（北京、南京、桂林、上海）和旅游企业（各星级酒店、旅行社、景区）进行，保证调查样本的科学性和真实性。

四、本书的内容与结构

研究内容以产业网络为论述起点，研究了旅游产业网络的内涵和特征之后对其价值、治理和知识机制分别详细阐述。使读者领会到旅游产业网络价值机制离不开知识的传递、网络治理的实现也缺少不了学习行为，三个层面的关系模型即旅游产业网络（价值、治理）创新模型的构建成为另一个重要内容。随后提出了促进旅游产业价值创造优化、治理顺畅、知识流通的相关政策和协调机制。具体如下：

第一章　导论。首先，作者对本研究的选题背景和意义进行阐述，本书的选题具有明显的现实需求和理论需求，决定本书的应用价值和理论价值。其次，针对性并具体地指出了研究的问题，涉及到理论的整合及基础理论的应用，还有构建模型，以及政策层面的策略。接着，介绍了本研究使用的理论基础和研究方法，涉及到产业组织和网络范式衍生的一系列机制理论。研究方法包括理论与实际相结合、文献与咨询相结合、定性与定量相结合等等。然后，对本书的内容和结构进行介绍，以及本书在研究视角、理论应用和模型构建等方面的创新表现。

第二章　旅游产业网络机制三维度研究的理论框架。首先，梳理了产业网络理论和网络范式相关机制的应用理论，如交易成本理论、社会网络理论、价值网络、知识网络、政策网络理论等，奠定了研究的逻辑起点。其次，界定了旅游产业和旅游产业网络的内涵和特征。认识到旅游产业网络是一种介于市场与科层之间的第三种组织结构。这种组织结构有以下特点：1. 产生了网络治理解构；2. 原来的经济网络组织嵌入到社会网络之中，社会网络所形成的社会资本也为网络交易结构带来了资源；3. 网络组织突出了知识的核心地位，要求知识流动并共享；4. 通过重新配置知识资源创造新的价值和治理成果。再次，对产业网络三维度认知进行了论述，认为网络化是一种抽象化的表述，其本身具有创新的特质和创新的内在要求，但具体的运行机制反映在不同的层面，价值机制、治理机制和知识机制，各层面具有紧密联系。构建理论框架和研究思路成为本书的中枢，具有承前启后的作用。

第三章　旅游产业网络价值机制。研究旅游价值网络的形成、特征、网络中的租金来源、企业组织形式以及治理类型，较全面地阐述旅游业价值网络的相关内容，解释旅游新业态现象，指出旅游新业态实质是旅游产业价值网的重构，由产业融合推动旅游业跨界发展的价值网创新，进而研究了产业融合带来的旅游价值网的构筑过程和效应。文中还特别研究了旅游业与创意产业融合的价值创新问题，并分析了上海的情况。

第四章　旅游产业网络治理机制。首先，作者研究了旅游可持续发展和旅游利益相关者关于治理理念，即治理过程要到经济、社会、文化、生态各方利益相关者的利益平衡。其次，作者研究了旅游网络治理的功能和方式，指出它有突破个体、政府的能力限制，提高组织的反应能力，弥补信息缺陷等诸多优势，在化解旅游目的地危机、保障旅游扶贫人口核心利益、推进传统旅游目的地复兴、促进目的地联合营销等诸多方面成为新的机制和治理方式。

第五章　旅游产业网络知识机制。组织网络化必然对旅游业知识管理提出新的要求，对于旅游业来说需要构筑旅游业的知识管理模式，使知识资源在全体网络内进行配置。为此目的，作者首先对旅游业知识网络中各主体（企业、政府、高校、行业组织、研究机构等）的角色进行了分析。同时对组织网络化发展过程中知识获取、存储、共享、创造、运用等重要管理问题进行了研究，让知识创新的过程得到透彻的呈现。我们意识到：旅游业组织网络化发展过程中需要政府宏观层面的支持，才能得以健康发展，才能满足旅游业组织网络化发展中的各种诉求。构建知识平台，为知识交流和整合创新提供便利的环境和氛围。最后，特别分析了旅游产业网络价值创造和治理过程中的知识活动，进一步明确了三层机制的密切关系。

第六章　政策启示。旅游产业网络机制的研究带来的政策启示是多方面的，本书分成三个部分分别阐述。首先价值层面，政府要关注旅游组织网络化的发展趋势，正确判断旅游业演变方向，不断发展和培育新的网络资源，为企业营造发展空间，提升产业的发展潜力。政府要从诚信着手，建立信任机制，通过信用体系的建立和维护促进产业网络的多样化和高效性。政府要重视社会资本，维系好旅游业网络内各成员之间的交易和信任程度，使其充分发挥纽带作用。其次，政策方面，治理政策要进行改进，合理定位政府在旅游业发展中的职能，改善其行政方式，还有完善政策网络的进入和推出机制等。再次，知识层面，重视知识资源和知识管理，旅游业的发展将以非物质要素为推动力。具体的要构建知识平台，培养合作氛围，促进合作伙伴选择与知识交流。结论与展望。全面总结了文章的研究结论，指出每一层面创新的研究的核心问题，提出了每方面研究的不足和缺陷，并展望了未来在此基础上的研究空间。

本书的研究技术路线如下：

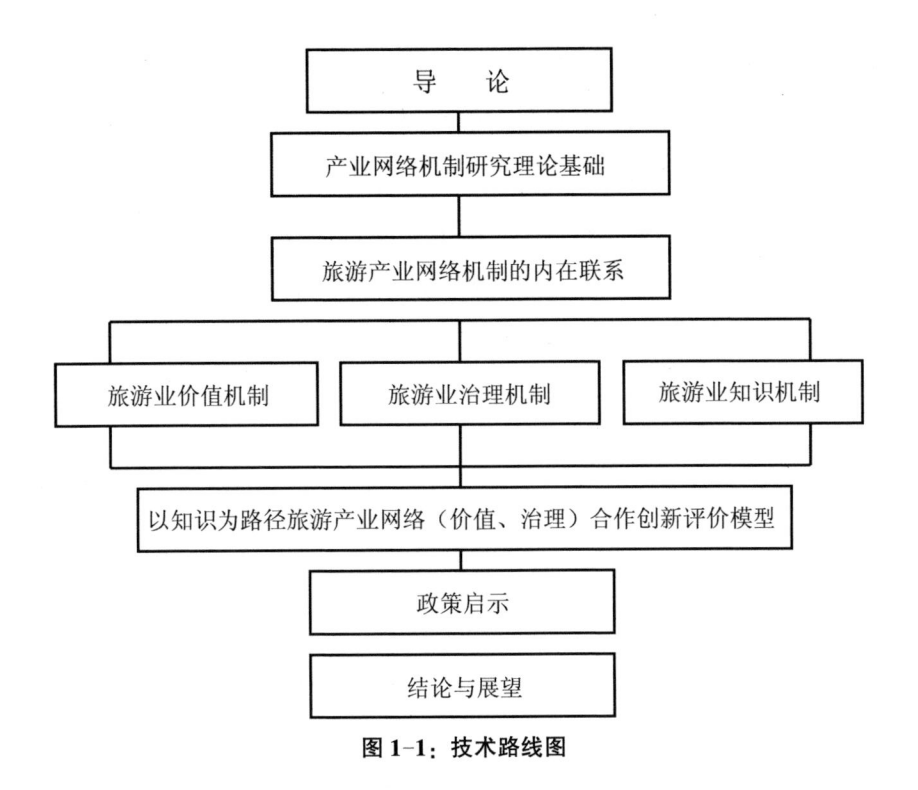

```
           导  论
            │
   产业网络机制研究理论基础
            │
   旅游产业网络机制的内在联系
            │
  ┌─────────┼─────────┐
旅游业价值机制  旅游业治理机制  旅游业知识机制
  └─────────┼─────────┘
            │
 以知识为路径旅游产业网络（价值、治理）合作创新评价模型
            │
         政策启示
            │
         结论与展望
```

图 1-1：技术路线图

五、创新点

第一，旅游研究视角创新。以网络视角研究旅游产业组织，系统运用交易成本理论、资源理论、社会网络理论等厘清旅游业网络层次，及相互关系。从三个层面研究旅游业网络的运行机制。突破了以往存在"点线模式"的价值链思考方式，政府的单一治理思维和不重视知识资本的现状，提出了创新改造的要求。价值创造要模糊化、网络化，治理多元化，启动更多的主体共同参与到旅游开发和维护中来，网络环境下不仅重视知识管理还要特别突出知识共享的创新效果。

第二，旅游研究框架创新。系统化地论述旅游产业网络，以及各方面机制关系。在借鉴以往国外研究成果基础上，较好地对旅游产业网络进行系统化的论述。具体深入地研究了旅游业价值治理和利益治理网络化的内在逻辑。将以往旅游扶贫、目的地复兴、危机管理、联合营销等分散的研究统括进入到网络范式内。

第三，旅游研究工具创新。在充分掌握了国内外旅游知识管理研究的基础上，系统地研究了旅游业知识管理的相关内容，并运用 BP 模型对南京市的局部产业网络进行了实证研究。

第二章

旅游产业网络机制三维度研究的理论框架

第一节 产业网络

一、产业网络的内涵

一个产业内部不同的行为主体之间或者不同产业主体之间形成的网络统称为产业网络（唐晓华，张丹宁，2008）。产业网络是一群各自拥有独特资源，也相互依赖对方资源的企业组织以及学术机构、中介机构、政府组织等，通过经济、社会等关系，凭借专业分工和资源互补，在要素投入、生产制造和技术合作等方面进行互动，长期形成的正式或非正式的互惠往来关系（李守伟，钱三省，2006）。哈坎松、刘易斯、威尔肯森等学者以产业网络的三个要素为基础和出发点，认为产业网络有三大要素构成：活动者、行动和资源。活动者是产业网络的主体，它不仅包括生产商、批发商、运输商、零售商、消费者、经纪人等，而且在更广的范围上包括政府、中介组织机构、教育和培训组织等；活动是指行动者在市场中进行各种经济活动的总称，主要是指行动者之间进行物质资源和信息资源流动的过程，在交换过程中伴随着产品价值的增值与价值链的形成；资源包括物质资源（机械设备、原材料等）、金融资产、人力资源和信息资源等，在更广泛的意义上，行动者之间的关系也形成一种资源。产业网络的三个要素之间是相互联系、缺一不可的，而且它们自身也形成网络。一般来说，行动者是完成活动和控制资源的主体，它们通过活动和利用资源发展相互关系，构成网络；活动是行动者用不同的方式将一种资源变换成另外一些资源的行为，是行动者交换资源的表现形式；而资源则是行动者完成活动的媒介，行动者活动的目的就是转换资源。

产业网络不同于产业集群和企业网络，产业集群强调地域性的集中，是从空间角度界定，强调范围经济和规模经济形成的网络，而企业网络的外延仅限于企业之间的关系网络，并没有把非商业组织纳入进来，由此可知，产业网络研究范畴要广于产业集群和企业网络，产业集群和企业网络只是产业网络的一种表现，地域和主体构成的限制减少，研究范畴的扩大，产业网络研究考察的机制层面增多，不仅有价值关系，还有治理和知识关系等。

二、产业网络的理论溯源

产业网络理论具有多重的理论渊源，主要有两方面，一方面来自于组织网络化理论，一方面来自于社会网络理论，前者认为产业网络是一种新型的组织协调方式，是一种产业组织的创新，后者解释了广泛的社会联系及其衍生的社会资本对产业交换活动的嵌入性影响。

（一）结构：网络组织理论

李维安指出网络组织是一种适应知识社会、信息经济并以网络联结为纽带、以创新为灵魂的组织，也是一种被认为有利于创新的组织模式，它的运作机制、支撑技术、柔性结构提供了组织创新的空间和保障。网络组织运转具有不同的表现形式，还有知识管理模式运行范畴，涉及价值活动、制度安排活动和信息传递活动，每个层面从不同的维度显示组织间的相互作用。

网络组织是节约交易成本的需要。交易成本是在传统的市场机制无成本、无摩擦、交易费用为零的观点背景下提出的，科斯指出市场上发生的交易需要谈判和签约费用，存在"发现相对价格的成本，这些影响到经济系统的运转和资源的配置，不采用交易成本来分析就使许多问题得不到令人信服的解释。威廉姆森将这种思想进行了集成并进行了明晰的阐述，阿罗将"利用经济制度的成本"泛称为交易成本，张五常把一系列制度成本，包括信息成本、谈判成本、拟定和实施契约的成本等看作是交易成本，即所谓人与人打交道的成本。威廉姆森认为交易不仅指所有权的转移，那些组织内部或组织间发生的很多活动都可以纳入到交易的分析框架中来，他用资产专用性、不确定性和交易频率三种维度反映交易的性质，分析出在经济活动中存在三类和各种交易活动相配的制度安排，即企业、市场和介于市场与企业之间的中间体组织。企业间的网络组织在其特定的经济环境下比市场组织与科层组织的交易成本都低。从交易成本角度考察网络组织，强调其节约交易成本，容易忽略其生产和创新的功能，即收益功能，网络组织的认识还可以从交易收益角度进行。Dietrich引入交易收益概念，并比较交易成本与交易收益，提出治理结构理论，解释网络组织性质，即它是一个拥有"剩余分配权"的"集体签约人"（胡平波，2006）。

随着面对的环境急剧变化、市场竞争愈演愈烈，对产品和服务的需求更加多变，科层组织反应速度和处理问题的能力面临着挑战，组织之间进行网络构建才能有效解决组织与环境的关系问题。组织在所处的网络构架中，与外部相关组织彼此作用、相互影响，从而获得网络中与自身互补的资源，包括信息、资源、市场和技术等等，伴随着规模及范围经济效应以及学习效应的发挥，实现价值活动外包、风险共担等战略目标，其结果形成了网络组织。它是一种在企业与市场的边界中诞生的具有准企业获准市场功能的新兴产业组织，作为网络结点的企业在众多的领域内形成了千丝万缕的联系，如专业化分工协作，合作性创新，共享营销网络等。网络内的成员不局限于某一产业，其能力边界收缩，资源边界无限扩张，企业只关注自身的核心竞争力。在网络合作与竞争中,每个企业与组织都被吸纳到一个无形的网络结构中来,很难游离于网络所产生的"场"之外。李维安同时也认为在外部网络化的过程中,许多要素发生的改变,如组织存在的目的、组织的价值创造、组织间协调机理等:"从只关心自身利益到关注组织存在的社会、生态、环境价值,从只关心组织拥有者经济利益到关心利益相关者的全方位利益,从注重整合资源到挖掘潜力、协作创新、塑造不可复制的优势。"企业组织的经营运作活动以及管理决策活动,越来越向超越个体的方式来进行。

(二)嵌入:社会网络理论

社会网络理论最初属于社会学范畴,后被各学科广泛应用,其初步形成于20世纪五六十年代。在20世纪90年代社会网络理论引起了企业界的兴趣,并被引入到经济学和管理学研究领域。学者们认为,企业及其内外部的人与环境也具备社会网络特征。格兰诺维提出"嵌入"这一经济社会学核心概念,即个体包括企业、组织、个人,都是"嵌入"其所在社会网络之中的,也就是说,网络内各主体的行为包括经济行为受到社会网络的影响,他们都具有与外界的社会关系与联结,都镶嵌在多种关系联结交织成的复杂的社会网络之中。组织成长需要的资源通过与其他行动者之间的联结来获得,资源在网络中的个体间流动,社会网络成为提供资源的渠道。

在这种网络资源观的指导下,学者布迪厄、伯特等提出,社会网络为嵌入网络中的个体提供了实际或潜在的资源合体,"这些资源与对某种持久网络的占有密不可分的,这一网络是大家共同熟悉的、而且是一种体制化的关系网络",进而生成了与财务、人力资本同样重要的社会资本。这种资本与其他资本一样是生产性的,在缺少它的时候一些目的不会实现(James Coleman),具有生产性、不完全替代性和不可转让性。也有学者从社会关系结构上分析组织行为,Burt提出结构空洞理论,指出网络中最有可能给组织带来竞争优势的位置是处于关系稠密地带之间的稀疏区域即结构空洞。空洞区域网络为组织提供了机会,空洞是相对于关系稠密区域而言的,往往空洞处于稠密区域的过渡地带,在过渡地带将关系稠密地带连接起来,带来新的信息,使资源通过新连接而流动起来,网络在这个不断重构过程中就会焕发活力。

产业网络中的各种组织和个人都具有与外界一定的社会关系与联结,都在不同程度上嵌入或悬浮于一个由多种关系交织成的交叉、复杂、多重的社会网络之中,各种各样的关系和联结搭建了社会网络基本构架,社会网络与组织资源获取、成长紧密联系,企业所需要的资源通过各种特征的关系联结使其流动,获得资源。可以说产业网络内资源的获取渠道来自于社会网络,社会网络提供了分析产业网络中组织发展和资源获得的思路。

三、产业网络的三个维度

产业网络突破了产业边界的限定,接受网络内主体异质性的同时,也将非商业性机构纳入到了研究视野,因为无论是商业网络和非商业网络之间的联系始终不能割断,无论是价值创造还是科研成果的转换以及多元治理的实现等等。在广泛联系的视角下考察主体间的活动,具有不同的层面。对于旅游业来说价值创造、治理和知识层面由于网络范式的介入被深刻地影响和重塑了,因此本书从问题出发阐述相关三个维度的产业网络机制理论基础。

(一)价值网络:盈利

1. 价值网理论

产业网络背景下,组织更加强调一个企业的商业模式要以顾客的需求为核心，组织间形成的紧密合作、快速反应的网状的价值创造系统。由于顾客的需求增加、多样化水平的提高、国际互联网的渗透以及市场的高度竞争，企业将传统的供应链模式转变为价值网模式，将运营设计提升到战略水平，来适应外界环境不断发生的变化。布兰伯特认为，在价值网络中，参与者（顾客、供应商、竞争者、互补者）之间的共同努力实现了企业的价值创造和利润实现。与波特的价值链竞争观点有所不同，价值网更强调合作竞争，一方面试图击败其他企业，另一方面在相互依存中创造新的价值空间，因此优越的顾客价值、相互关系和核心能力就成为价值网络核心概念。企业赖以生存的市场产生了巨大的变化，不确定因素在不断增加，为了适应环境的变化，企业仅仅利用内部资源已很难适应动态市场要求，需要寻求新的商业模式，经营机制和运作模式必须不断发生变化，由此产生了诸多新的赢利机会和价值空间，许多新兴的网络公司通过对价值网络的把握，创造所谓的新业态实现了快速崛起，如雅虎、谷歌、阿里巴巴等，他们将优越的顾客价值、核心能力和相互关系构造起来，形成了价值网络这一价值创造体系。

价值网络在沟通上具备更好的结构，这种柔性和水平结构为组织间的沟通效率提升准备了空间，更大的优势在于对核心资源知识的分配可以从战略协作的高度加以规划和整合，从整体上降低网络内每个成员学习的成本，提高每个成员的学习效率。这样取得了多重的效果，一方面提高了价值网络成员个体的知识学习效率，增强了网络节点的能力优势，还能够协调优化整个网络的知识学习流程，知识在网络内的配置，自然就提高了整个网络的运作效率。因此，基于以上这样更为出色的知识管理，价值网络就能够联合群体、团结的力量在知识经济时代时刻赢得持续竞争优势。

2. 价值网与价值链的区别

顾名思义，网络是非线性、交互式的，也就是价值网创造过程不是一个环节接着一个环节的过程，网络内的信息、物流非链式的，而价值链是一个线性流程，各环节有顺序、有衔接的排列过程。价值网是组织网络化的产物，网络内的联系和作用是复杂的、多维的，因此强调的是合作、共生，以网络配合协调完成任务，整体利益最大化与个体利益最大化同时获得。而价值链是同质化和竞争化思维模式下的成果，强调企业之间的竞争性，利益的对立性，一方利益的增加是以利益方利益的让渡为基础，忽视了企业之间的合作性。价值网的研究背景是环境的不确定性和内部的异质性，使风险上升，寻求灵活的动态组合以应对这些经济环境，指导网络运转的核心是满足顾客需求，而价值链的市场背景是一个相对稳定的技术环境，不需要去考虑变化的环境对价值链的重构。在运行效率和竞争优势方面，价值网内的公司把战略进行聚焦，锁定在某一特定市场，为顾客提供超级服务和快速的解决方案，辅助以优秀的业务流程设计，不仅有差异化也有成本优势，价值链强调成本降低的战略作用。

（二）政策网络：治理

20世纪90年代以来，公共管理领域的政策网络理论和政治学领域的治理理论相结合，形成了政策网络治理的研究流派。它是一种新的公共治理模式和路径，是在"市场失灵""政府失败"的背景下提出的，解释了多元社会治理结构中，为什么需要政府、企业与公民要建立良好的互动关系。

产业网络形成过程中，借助网络主体之间的资源依赖建立起了某种稳定的社会关系形态，这种形态促成政策问题和方案的形成与发展，政府、企业和其他组织间交换信息，并在交换过程中涉及的政策领域获得利益，这种社会网络形态属于政策网络。

政策网络作为治理的一种形式，认为通过经济合约联结与社会关系嵌入所构成的网络，在以企业间的制度安排为核心的组织（个体、团体或群体）间关系安排下进行标准调适。从治理的过程和目标分析可知，决定网络治理模式的两个主导要素是资源的可占用关系和组织之间的协调方式（彭正银，2003）。政策网络理论认为现代社会的复杂性、动态性与多元性使得国家机关无法单独治理，国家与社会的许多组织已形成绵密互动、相互依赖的政策网络。政策网络是一个新形态的政府，允许政府动员广泛分布的公共与私人参与者的资源。但政策网络既不是传统的政府形态，也不同于市场，政策网络没有传统政府形态的反功能结果，也没有市场不能控制外部负面结果的市场失灵，政策网络可以解决政府失灵与市场失灵的问题。从政策网络概念的发展历程可以看出，政府再也不是政策过程中单一的主导者，政策过程中还充斥着各种不同的行动者，而行动者之间资源交换的互动关系便形成了网络。

政策网络理论是在克服传统中央规则模式和多元行动模式的缺陷的基础上发展而来的。中央规则模式的分析目标是中央与目标群体的关系，着力点在于中央的规则和权威性，政策制定过程中出现模糊不清和太多的行动者，缺乏信息和控制。多元主义的局限性是各利益集团在政策运行过程中地位不是完全平等的，政府的作用要比利益集团的作用更为关键，对复杂的政策过程无法控制。可以看出两种治理面对问题的复杂性越来越显得薄弱，需要寻求新的治理模式，达到在政策运行过程中，多组织多主体参与，虽复杂且有序。于是出现政策网络理论将网络理论，引入政治学与政策分析，形成一种分政府机构同私人部门、社会团体、公营机构，乃至国际组织之间复杂关系的新视角。

政策网络可以归纳出如下几个特性：(1) 交互依赖的特性：网络成员之间以资源交换为基础而发展出交互依赖的关系；(2) 网络中多元的行动者与目标：所有参与者都有各自的目标与利益，虽然网络中的权力并非平均分配于每个网络成员，但是却没有任何一个成员拥有绝对的支配权力，网络成员须透过资源的互换才能达到其目标；(3) 成员之间的关系具有某种程度的持续性：无论网络成员之间的互动关系是紧密频繁，或是松散无序，成员间的关系形态具有某种程度的持续性。政策网络作为政府和市场的第三种替代治理方式，有效地肩负起旅游发展的任务。旅游业特别需要向市民社会回归的多中心型网络治理方式，来取代政府主导，一头独大，其他组织弱小的治理局面。

（三）知识网络：创新

组织理论在经过交易契约观、资源基础理论、能力观进入到知识观。在对主流战略理论反思中成长起来的资源观认为企业的竞争优势来自于企业自身的内部某种原因以及资源，而非外部的市场力量，而且企业的本质是围绕关键性资源生成的专用性投资网络（Zingales，2000）。企业在产业组织网络化过程中产生了许多不可模仿的、不可替代的竞争优势，其称为知识资源，它具有价值产生的路径依赖的特性，允许网络中的成员使用和开发，对于竞争者来说很难模仿网络运转的过程以及结果。处于网络组织中的企业会通过寻求和运用网络资源建立动态化的挖掘资源和整合资源的创新型核心能力，产生更高的组织绩效。企业在这一寻求外部资源的过程中始终获取和控制着自身独特的个性化、难以复制的资源，因此，组织网络化使得每个企业能集中于自己的核心业务，同时还能通过网络获得和使用其他企业的资源，达到规模经济和学习效应。每个网络中的节点都蕴含着相应的各种网络资源如加工能力、产品、现金的"水面之上"资源和生产技术、组织能力、研发技能等不可视的"水面之下"资源，这些网络资源保证了网络中企业的成长。企业之间特定的链接本身也形成企业竞争优势的一种关键资源，嵌入性关系对企业具有重要意义。Teece 使资源理论的进一步发展进入到能力理论阶段，他认为企业的边界取决于其能力，企业要进行适合自己能力互补性活动。通过网络结构，优势企业专注于开发其内部能力，以提高绩效，不仅可以获得网络群体以及网络管理的团体优势，还可以获得企业自身特定能力优势。具有特定能力的企业，加入网络后，有助于增强网络的群体优势，是网络中的每个成员都能从其他企业的优势中受益，产生"甩出效应"（李新春，2007）。能力资源观进一步发展成知识资源观，知识管理成为了研究热点（张钢，2003）。知识资源观按照交易成本理论的范式认为有限理性、机会主义和技术因素等产生了知识交易成本，组织网络化成为知识交易的一种组织选择。

知识资源观视角下，组织网络化使每个组织收缩自己的边界，聚焦到核心资源上，特别是知识资源。产业网络中的各节点各自都具有自主决策、行动力等活性，可以接受传播信息，保障着网络的柔性、动态性和灵活性。网络成员可以在不同层次的节点获得即时信息，驱动网络的运转。网络成员的构成又具有多样性，更多的联系、信息更多的来源、更多角度的看法、更多元的资源构成，网络成员可以获得更多元的知识，这是优于单独组织的一个重要原因。其次，网络成员间相互依赖而存在，这种依赖是基于成员自身需要和共同认可的行为，没有了相互依赖也就没有了网络化。组织网络化使企业与顾客的接触更加紧密，促进跨越与市场的之间的界限沟通，获得外部的知识源，获得丰富的第一手信息。再次，组织网络化是节点的连接多元化，嵌入到各种社会关系当中，强连接特别促进隐性知识流动，可以获得合作伙伴互补知识与技能，但对组之间信任具有较高的依赖，因此由社会网络形成的解构直接或间接地扩大了接触外界信息的范围，引发知识创新。最后，合作性是网络组织系统之所以产生的根源，网络化使网络组织协作创新求得生存和发展，以第五代创新模式的论述为例，该模式下，不仅能实现跨组织的集成还能达到战略整合与协同。这个合作性的根本要求驱动组织自愿、广泛地交流合作，实现更大范围的、更深层次的信息与技能的共享。因此，可以说产业网络是一种适宜组织学习的组织形式，它的学习特性对其生成和演进都起着举足轻重的作用。

四、三维度的同源—分化—聚合

三个维度各自的认知具有相同的起点与理论基础,同时网络的复杂性和多层次性又需要细化个层面的研究,产生了价值网络、政策网络、知识网络等范式理论。当本书聚焦于旅游产业网络时,需要聚合多层面的理论认识,给出一个关于旅游产业网络系统性的、有机的、立体的影像。

(一)组织性的同源—分化

威廉姆森指出网络是介于科层和市场的第三种中间形态,在这个理论基础上,产业经济学认为在介于市场和企业之间,网络是一种竞争关系结构,各企业围绕着某一特定产品生产处于价值网络相同或不同的节点上,出现了各种中间型组织。公共管理学认为政策网络是一种介于政府和市场的社会结构形式和治理模式,网络中的主体相互依赖,经常互动,能培养出共有的价值观,产生一套解决问题的方式。企业理论认为知识网络是为了达到节约知识资源交易成本,最终提升网络成员和网络核心能力的目的,是基于知识资源安排的介于市场和企业之间的协调制度。

(二)嵌入性的同源—分化

社会网络理论认为网络内各主体的行为受到社会网络的影响,他们都具有与外界的社会关系与联结,都镶嵌在多种关系联结交织成的复杂的社会网络之中。社会网络对价值、治理和知识行为都具有背景性影响,无论哪种行为都会在某种程度上借助社会关系进行,或是受社会关系影响。

价值创造过程中,企业利用嵌入到社会的网络关系谋求资源和机遇,可以说社会关系成为衡量企业竞争力的又一个变量。通过网络参与者长期的网络所建立起来的信誉、声望等非正式契约非常重要,提高了组织的柔性化、敏捷度，快速市场进入和退出，更容易适应市场的不确定性，优化价值网络。

政策治理过程中，嵌入在同一网络的相同主体，相互联系发生在政策互动层面，推动地方或区域的旅游政策制定和改进，确保权力同时又要限制权力，确保利益的同时又要平衡利益，介质相同，网络内的信息流是关于治理主题。

知识创新过程中，知识网络同样嵌入到社会网络中，受社会网络的结构影响同时，在自身层面交换知识、分享知识、创造知识，起到了创新催化的作用。

（三）研究工具的同源—分化

社会网络研究工具使用密度、集中度和结构洞等描述变量，分析节点之间的位置关系、行动者的行动边界、网络内联结和纽带关系的存续情况以及网络的绩效情况。

在价值网络研究中，网络结构呈现出价值流动的渠道和价值创造的路径，直观地反映出价值创造主体和价值环节以及价值节点之间的互动关系。许多特殊价值网络直接用网络结构形式命名，如双边市场等。

在政策网络研究中，网络工具用来评估网络的有效性，区分出利益群体紧密和松散程度，以及不同群体的连接点，为政策博弈研究提供结构工具。

在知识网络研究中，将节点间的联系看成是知识转移和传递的路径，网络的密度意味着知识在某些网络区域的汇聚程度，集中度用来研究某个网络成员知识拥有和富集程度，以及在网络内的知识影响力。小集团以及空洞区域都会对知识的传播以及利用产生明显的影响。

（三）聚合

产业网络整体的顺畅高效运转离不开各个层面的有机互动和相互支

持，经济中的生产交换问题离不开政治的权力制度配置，价值重构和政策调试需要知识交换，知识交换再造意义在于经济和利益的增量，或是内部结构再平衡，公共事务也好、私人利益也罢，最终收敛聚合于网络主体。

第二节 旅游产业网络

一、旅游产业网络内涵

（一）引言铺垫：对旅游产业的认识

旅游业是以旅游资源为凭借，旅游设施为条件，向旅游者进行旅游活动所需的各种产品和服务的经济部门。一般来说，将所有为人们进行旅游活动提供产品和服务的企业都纳入到旅游业的范畴当中，由众多行业和部门复合而成。旅游需求的多重性决定了旅游产品的组合性，而旅游产品的组合性又决定了旅游产业的外延性，引致旅游产业界限模糊。史密斯曾经将旅游业划分为两个层次：第一层次旅游业是指这样一些企业的总和，如果不存在旅游，这些企业就不会存在；第二层次旅游业则指这样一些企业的总和，如果不存在旅游，这些企业就会显著衰退。世界旅游组织建议的《旅游卫星账户：推荐方法框架》把各种产业按照与旅游活动的关联程度，划分为旅游特征产业、旅游相关产业和其他产业。特征产业指旅行社业、宾馆业、景区，相关产业指交通、通讯、游览、娱乐、饮食、住宿、购物等12项产业。

总之，旅游业是由需求驱动的一个泛产业。可以看出旅游业是新时期由于在需求的碎片化、多样化而又主题化的背景下，对相关群体的一个重新圈定。从规范的产业界定角度来看，旅游业并不是一个规范产业，但却是实实在在地在社会生活中发挥着重要作用。因此对这个产业的分析和考量要走多学科、多理论融合的道路。

(二) 旅游产业网络内涵

随着旅游生产的复杂化、多元化、集中化以及产业组织理论的创新，旅游业被进一步泛化，如旅游产业集群的概念（尹贻梅，2004）就突破了一般旅游产业范围，超越了企业和单一产业边界，将具有竞争和合作关系的企业、相关机构、政府、民间组织等含纳进来。在更多的时候，对旅游业的认识是以旅游目的地为背景的，往往"旅游目的地"很多情况下等同于旅游业这个概念（Cooper，2008），其范畴不仅包括各种与旅游活动相关联的产业，还包括旅游过程中不可缺少的其他非商业组织和目的地居民。这些情况表明旅游产业边界有模糊化、无边界化的趋势，组织结构进一步柔性化和扁平化，关注的重点是组织间的相互联系及产生的各种活动，分析出发点已经不是竞争、垄断而是协调、合作、共赢。网络主体通过网络化，相互作用，借助资源流动，形成了多维关系，合作和协调是核心理念。旅游产业网络化形成旅游产业网络，网络内活动主体间相互作用，借助资源流动，通过协调合作满足旅游需求，实现旅游业发展。产业网络活动者不仅包括生产商、批发商、运输商、零售商等，而且更广的范围上包括政府、中介组织、教育机构和培训组织等（黄守坤，2005）。据此，旅游产业网络是指围绕满足旅游需求由一个多或多个产业主体而形成的网络系统。

旅游产业网络根据构成主体不同形成两个层次网络，一个围绕旅游者需求并基于业务和能力分工基础上集合的企业网络；一个是涵盖政府、非政府组织、研究机构、旅游地居民等主体的支持性网络（张丹宁，2008）。

政府、非政府组织、研究机构、旅游地居民等主体同价值网主体之间具有紧密的相互联系，为价值链主体的生产活动和经营活动提供必要的政策、人才、资金和信息支持，旅游业的产、学、研互动较好，产业发展被注入更多的资源，各方利益相关者的诉求就被全面地考虑，治理机制就会更加完善，生态、社会和经济负面效应在更大程度上得到控制。缺乏融合，这种断裂将导致旅游企业很难获得产业生态网主体提供的各种资源，片面地追求短期的经济增长很可能付出环境和社会代价，因此发展会在一定程度上陷入停滞。

（三）旅游产业网络的特征

旅游业产业网络中每个主体经营管理活动以及决策活动是超越个体的方式来进行的，每个组织的概念和边界正在变得模糊起来，构筑了一个非线性反馈网络，各个行为主体通过非线性反馈来修正自我行为，从而改善网络系统和网络运行效率，具有异质性、复杂性、多重性、动态性、学习性、创新性等特征。

1. 异质性

异质性是旅游产业网络化的前提假设，这种异质性有几个层次：首先，最易区别的功能异质性，旅游产业是个复合产业、横向产业，有不同功能产业的组织为了满足旅游需求而产生了业务上的联系；其次，旅游子产业内部的组织也具有异质性，不仅有规模差异，也有效率差异，还有价值成本与组织协调成本差异。另外，还有商业性和非商业性共存的异质性。以上多重异质性的叠加也就产生了产业网络的不同层面的联系。

2. 复杂性

复杂性不仅指时间还指空间，在时间和空间结构上，旅游产业网络中包括企业、旅游者、旅行社、住宿企业和景区以及目的地居民等大量个体相互作用，进行自适应和互相适应，使产业网络组织处在有序和混沌之间，这种特征称为复杂性。同时复杂性也是指组织作为一个整体，变化多端，以致我们无法用简单的、机械的和线性的方法去解释的现实状况。首先，网络中结点构成及其数量、特征，结点间联系的数目、集中度、形式多样，决策各异，是复杂性的构造基础。其次，网络中的信息流动、控制和决策、分布组合决定了其复杂的联结机制。再次，所形成的网络具有弹性边界，模糊性和使变形，随着对环境的反应而进行调整。

3. 多重性

在产业网络内组织间形成千丝万缕的联系，进行各种活动，如价值活动、治理活动、知识活动、共同合作创新、共享营销网络、分工协作等等，每一种活动涉及的主体会以灵活、开放的方式进行组合达到不同的目标。不同层面的活动相互作用，例如价值活动伴随着知识整合，合作创新需要知识共享，共享营销网络依靠分工协作，价值创造需要治理活动进行保障等等，选择研究的层面取决于旅游业发展情况以及热点问题，往往不能孤立地去思考，对其他层面的认识有助于对本层面活动的理解。

4. 动态性

旅游产业网络总是处在发生、发展、老化、突变的过程中，如同旅游目的地的生命周期形式一样，旅游产业网络在不同的背景条件下整体特性总是在持续改变，这种整体性能改变有的时候是外部力量存在并作用的结果，有的时候是自身的一种内在生存规律。动态性以不同的形式表现出来，包括系统中部分和整体的作用变化，也包括联系的数量和密度的变化等。动态性与网络本身不稳定的、非标准化的组织形态、开放式的组织群体结构、自由灵活的动态调适机制分不开。网络的变化行为有很多不同的形态，不断出现的旅游新业态就是旅游产业网络动态调整的一种表现，在网络内部，各种节点可以根据市场即时任务、价值创造等各类需要而进行各种联结，形成各种盈利模式和合作模式，结果各节点之间既有合作又有竞争，竞争与合作瞬息万变，不断转化，只有存在这种动态性，组织之间可以找到最佳结合点，使网络组织保持活力和优势，从而增强其适应竞争激烈的旅游市场的能力。

5. 学习性

旅游业网络以旅游需求作为组织构建的核心，随着旅游需求的变化而做出灵活反应，通过持续的动态调整和重组过程以适应环境，并把环境变得对自己有利，它从本质上区别于受外部指令控制的机械系统，因而是一个学习型系统。这种组织的最大特征是"学习性"——向环境学习和从"历史"中学习，能够逐渐学会采取合理行动的方式。适应或学习是一个主动探索过程，即不断地尝试和发现各种可能性，通过各种反馈机制，在"最适合的场景"中稳定下来或者向更好的组织状态进化。这种组织能够主动作用于环境，使变化变得对自己有利，或创造机会和趋势。在旅游电子商务兴起团购的时下，旅游业网络通过学习模仿，重新结合组成新的交易联盟，推出低价盈利模式，团购旅游，传统旅行社也并没有遭到淘汰，而是通过学习适应下来。

6. 创新性

创新是网络组织的本质特征（李维安，2004）。旅游产业网络围绕总体目标通过结点之间的交互作用和协作进行创新，这个过程实际就是网络组织结点学习的过程，通过不断相互学习，获取互补知识，进行合作创新。组织成员是保持终身学习的，也是对其能够成为网络组织成员、进入网络组织的要求，是能在网络组织中谋求一席之地，达到改善在网络组织中的地位，或进入其他更具吸引力的网络组织目标的要求。在当代，学习能力被看作组织的基本生存前提。很多管理学家都强调说，竞争中的组织要想获得成功，就必须有比对手适应环境变化更快的学习能力，尤其是当考虑到管理对象是由人组成的系统时——这里有大批的掌握一定专业知识的智慧头脑，能够理解所处的环境，预测其变化，按照既定目标采取行动，因而不同于一般意义上的"适应性系统"。

二、旅游产业网络的三个维度

（一）价值机制——核心

旅游活动的最显著的效应就是经济效应，因此旅游产业网络的核心功能是经济功能，各种组织以旅游资源为凭借向旅游者提供旅游活动所需的各种产品和服务，形成了一个复杂、灵活的价值网络。从价值维度来看，旅游产业网络是一种新的组织运作形式，组织在所处的网络环境中，与外部相关组织相互作用、相互影响，从中获得网络组织内的信息、资源、市场和技术，伴随着规模及范围经济效应以及学习效应，实现价值合成。没有价值功能旅游产业网络失去运转的主旨，而旅游者也会失去糅合各种元素丰富多彩的旅游产品和体验经历。

（二）治理机制——政策保障

旅游活动是一个环境和社会文化负效应较密集的消费活动，在全球化和信息化的背景下，与旅游相关的公共事务日益复杂，难以驾驭，各方利益诉求不仅包括价值实现还包括文化、环境、生态的保护和可持续发展等诸多方面。以往政府机构单独治理的理念已经行不通，需要跨组织、地区地对旅游业相关问题进行治理。各网络成员资源相互依赖，为了实现利益诉求必须进行资源交换，通过网络治理平等谈判、共同合作，避免科层武断和市场无合作，为实现旅游可持续发展提供政策机制保障。网络治理与科层、市场治理的重要区别就是承认了政策环境的复杂性，在复杂、动态、分化的公共政策环境中，科层协调机制已经失效，从而迫使网络中的行动主体通过网络交换彼此依赖的资源，实现共同的利益。

(三) 知识机制——创新路径

网络化突出了知识的核心作用，每个组织在网络中主动学习，通过合作从其他主体获得知识，在网络层面进行整合，构筑整体优势。价值维度和治理维度的目标实现都要借助于信息沟通和知识交流、整合，在中观层面达到创新和目标的实现。

从价值和知识关系看，传统的价值链被价值网理念取代后，投入产出的关联关系转变成了网络状的知识关联，价值网也可以说是知识的产物，是为了获取外部异质性创新资源的一种中间组织形式。知识资源观是价值网络研究的一个重要出发点，知识的分工、共享成为必须考虑的因素。网络状的价值链的发展是一个渐进积累和自我增强的系统化过程，内在动因是由知识分工和专业化所导致的报酬递增（李想，芮明杰，2008）。

从治理和知识关系看，为了保证利益协调机制的成功，网络中的行动者在与环境的互动过程中必须同时实现自身发展和环境改造双重目标，寻求问题解决时产生的知识积累和知识转移的社会化过程。这种学习机制，突破了组织的边界限制，强调的是成员与组织之间的知识积累和扩散。

这三个层面机制的研究对我国当前旅游业发展具有非常重要的应用价值。首先，通过对旅游业价值网络化创造模式的阐述，为旅游业向纵深发展提供了理论空间，打破"旅游资源不可造"的铁律，冲破"三要素、四大支柱"结构认识的束缚，超越价值链式的思维惯性，从更加立体角度认识旅游价值延伸潜力。其次，旅游产品是一个兼具私人和公共两重性的产品，因此旅游业的治理不单是商业利益的协调，更主要的是公共利益实现。通过对旅游业网络治理的阐释，明确旅游政策不应是一个结果而应是一个多主体参与的过程，当前旅游开发和政策制定遇到了多重利益阻力，本书提供了一个解决思路。再次，创新一直被旅游业忽视，由此知识管理也受到业界的抵触，通过对旅游产业知识网络的阐述，我们会发现，知识活动是旅游产业网络的本质特征，价值创造和治理过程伴随着知识的整合，而旅游创新的路径在于本行业对知识的重视和共享开发，这从根本上回答了旅游业的可持续发展和竞争力问题。

三、旅游产业网络的三位一体

旅游业网络中的每个节点既是价值环节也是治理成员，同时也是知识原点，三个网络相互嵌入，反映网络组织不同维度的运转功能。价值创造机制凸显旅游业的经济贡献能力和发展空间，但没有治理机制的保障，就不能维护产业网络主体的利益和权益，容易造成生态环境恶化、旅游地居民受损等诸多负面效应，导致价值创造无以为继，不能可持续发展。在价值创造和治理过程中，网络模式要求必须进行知识传递和共享，只有通过主体间的学习和知识分享，才能创新出新的盈利模式和治理方案，适应多变的行业发展环境。总之，网络范式下探讨旅游业运行机制就离不开对这三方面的全面认识。只有将这些问题和关系阐述明确，才能更清晰地认识旅游业的运行规律。

网络使组织间联系具有交互、进化、扩展和环境依赖的生态特性，扩大了企业的动态发展空间从而促进价值创造，改进价值识别体系，扩大资源的价值影响。价值主体借助网络纽带完成交换合作等价值活动，实现自身的效用，同时作为配置资源和发挥资源价值作用的载体，形成了介于市场和科层之外的网络配置模式。价值主体在核心能力的培养、保护和网络伙伴信任关系的构筑方面都有赖于在网络内部有效地识别、创造、交流、学习那些真正具有价值、对赢得优势至关重要的新知识。网络核心就是从网络中获得对方的知识资源，像管理资本和劳动力那样来经营网络中的知识资产，才能在新知识经济时代获得持续的竞争优势。这三个层面相互匹配又相互支撑，将这三个方面程结合在一起，才能全面立体地反映出旅游业组织网络化背景下的新情况，特别是价值网络与知识网络、政策网络与知识网络的相互关系。

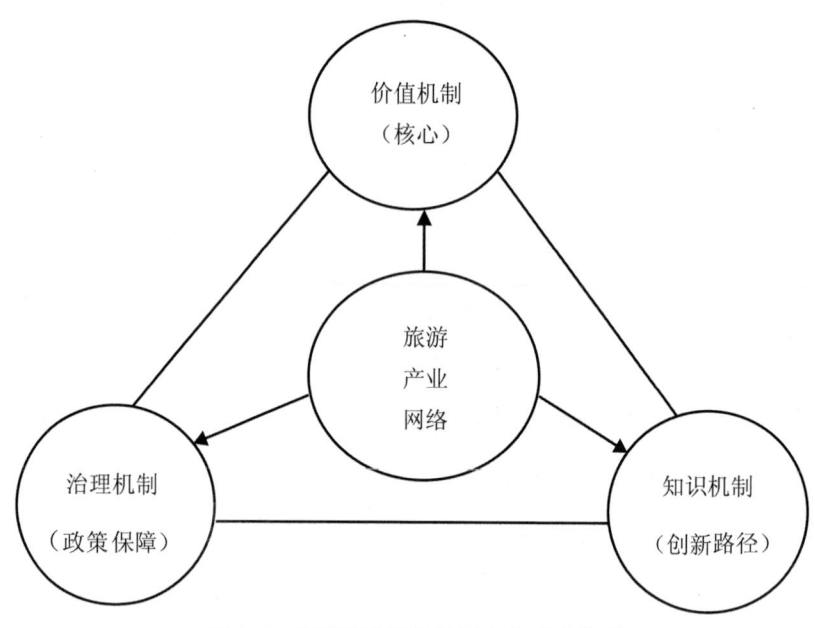

图 2-1　旅游产业网络机制内在联系模型

旅游业网络化引入其他行业的资源，涌现出新的业态，价值创造机制进入到系统化的模式，行业的商业模式不断出新，创造出了新的增值空间。如何使价值创造更有效率，要依赖于恰当的协调模式，旅游业出现了关系型、模块型、领导型价值协调模式，适应于不同的价值创新和业态需求。此外，旅游业的公共产品特征也需要网络治理，发挥旅游利益相关者的多元治理作用，协调资源的有效配置和关系的互动以及规则之间进行调整。旅游业网络成员将能力进行收缩，聚焦到具有核心竞争力业务上，交换更为高级的知识资源，价值构造依赖于网络主题对旅游资源的拥有程度和知识的创新能力，特别是后者，在当今传统旅游资源开发接近极限的背景下，拥有知识才具有创造力，才有在现有旅游资源基础上进行增值开发的能力，这是没有极限的资源。也可以说未来旅游业的价值创新更多的是依赖于知识创新，占据知识优势的企业才会在竞争中保持有利的价值分配的统治地位，换句话说知识的配置决定了价值系统的构成。因此，在旅游业网络创新研究中只谈价值创新或知识或治理是稍欠全面的，要同时探讨，结合研究。

第三章

旅游产业网络价值机制

第一节 旅游业价值网络

一、旅游产业价值网络的形成

（一）旅游价值网络形成背景

Leiper（1979）指出旅游业既非一个复杂的市场也非一个传统意义上的产业，而是一个协作进行旅游生产的网络系统。因而"在复杂和差异化的契约网络中，跨国酒店和旅游代理的经营行为的分析框架要超越狭隘的'市场—企业'两分法"，"运用介于市场和科层结构之间的网络范式解释旅游业的运行规律"。特别是近年来的旅游产业集群和旅游产业融合研究更加突出了组织网络化视角。一般来说，网络范式把产业组织看成是一群企业之间的竞争或合作的关系结构，这些企业因围绕着某一特定产品的生产而处于该产品价值链（网）相同或不同的节点上。

旅游活动的复杂性和集成性使其包含的企业来自于"吃、住、行、游、购、娱"等不同行业，即使处于同一领域，每个企业拥有的资源也具有很大的差异性，如生产工艺、R&D 能力、营销渠道、市场经验、品牌等无形资源，因此旅游业内部具有明显的异质性。另一方面，发展环境不确定，游客对体验感知评价受产品设计、服务质量、消费环境、旅游者个人经历以及旅游动机等多方因素的影响，突发事件如恐怖主义、自然灾害加剧了行业发展的未知感。内部的不同质与外部的不确定共同驱使旅游业选择组织网络化，企业的价值创造在很大程度上依赖上下游企业以及其他利润相关者之间的互动。出现了各种中间型的组织，如分包制（旅游服务业外包，差旅管理）、集群（旅游目的地集群）、战略联盟、少数持股、合资企业、技术合同（特许经营）等等，这些多变的准市场协调契约关系形成了多维向量体系，具有非一体化合作、组织间协作、超市场契约等特征，成员不局限于某一产业，只是对旅游活动的依存程度不同。

（二）旅游价值网络形成

组织网络化背景下，旅游业成为在业务单元分解和能力要素分解基础上的集成系统，价值创造机制从价值链递进至价值系统、价值网，价值链基于旅游分支产业内的竞争，价值系统基于跨产业的合作，价值网是基于能力要素分解的价值再创造。一般处于价值链阶段的旅游业对自然资源和历史文化资源依赖性比较强，如传统的观光和度假型目的地，企业合作基于业务层面，围绕旅游吸引物展开，分别提供吃、住、行、游、购、娱功能，价值创造机制比较固定。而处于价值网阶段的旅游业则在成熟的商业系统支撑下，多样性需求的拉动下，与其他产业充分融合，企业的边界不再以业务范围而是其资源和能力为限，在更广泛的企业网络中挖掘、打造更丰富的具有旅游价值的要素，在动态效率的作用下使旅游方式、旅游产品不断创新，通过多变的盈利模式扩展价值创造空间，在整合资源、协作创新的同时塑造旅游目的地"不可复制的优势"，打破"旅游资源不可创造"的定律。我们看到的修学游、医疗旅游、体育旅游、节事旅游、创意旅游等丰富多彩的旅游业态，就是在企业网络之中多要素、多能力集成的结果。

从价值流程来看，旅游业的产业网络内经过价值创造、转移、实现三个阶段强化了旅游业网络组织竞争优势和关系资金的获取。在价值的创造阶段，由于更加注重体验感的获得，关键环节正在从产品的销售环节转向消费环节，从价值链的中间环节分别转向上、下游的营销和设计环节，旅游业与创意产业的融合就是强调原创和文化的增值效应，昆士兰旅游局的"2009年全球最佳工作"营销案的巨大成功说明旅游业价值创造从旅游资源实体环节转向虚拟环节。在价值转移的过程中，竞争优势在不同企业间发生转移，从创新能力弱的企业向创新能力强的企业转移，从市场认可度低的企业向市场认可度高的企业转移，达到价值系统的再分配。随着游客需求日趋个性化、多样化和动态化，价值实现环节的地位日益重要，旅游集成商在价值分配中占据主导地位，它们利用自身的平台性，帮助完成交易行为，吸引更多的双边市场顾客使用它的平台，逐步形成垄断地位，携程旅行网的快速崛起，就让我们看到旅游信息集成商这个消费者与供应商交易界面掌控者在价值流程中地位之重要。

二、旅游产业价值网络特征

（一）重视综合与交互行动

快速变化的环境以及竞争合作并存的背景，使得企业必须联合不同的主体共同把握机会，从而客观上产生了利益主体间的网络关系。企业在平衡资源配置效率和创造机会、适应变化时，会越来越关注综合与交互行动，需要新的思维方式，能够综合有关主体的需求和实现这一需求的活动，而所有活动的联系将在价值网络的环境下进行，活动开展的过程就是价值创造的过程。价值网主体间的联系不是静止的、单一的和脱离环境的，必然要得到环境的支持和相关主体的认同或协作。在价值网络中，现有资源的配置不仅直接影响有关主体的行为与选择，而且影响着其它主体甚至整个网络上各主体的行为与选择。价值网络关注自身价值形成的同时，更加关注价值网络上各节点的联系，冲破价值链各环节的壁垒，提高网络在主体之间交互作用对价值创造的推动作用。这种改进也会使大家从价值网络而不仅仅是价值链的范围来认识自己拥有资源的价值和他人拥有资源的价值。一般来说，价值网络能更加有效地保证有关主体间有机联系，增强选择性和减少风险，提高组织的环境适应性。

价值网络的企业成员之间的互动关系包括互补性、互赖共生关系。价值网络内的合作伙伴通过核心能力的专业化与其他成员联合为整个价值创造作出贡献，形成比较稳定的合作关系和资源共享方式。这种合作既可以是行业内的也可以使跨行业之间的，广泛地交流和信息管理，交付或提供服务。价值网络内的企业之间的交换提供服务而创造价值。

（二）重视创新和资源的创造

价值网络中的利益主体之间存在着复杂的竞争与合作关系，并且这种关系在随时间和环境的变化而变化，因此，有效的创新，特别是价值网络的群体创新不仅是重要的，而且是维系群体存在、实现价值创造的基础。在比较完善的组织制度体系和市场环境中，各主体将更加重视创新活动，注重提高自身的动态能力。这样，企业将突破价值链的束缚，在价值网络中寻找自己的舞台，创造更多的价值。同时，不同主体在价值网络的平台上进行合作，将大大增强选择性，减少成本，扩大价值创造的领域。

（三）以顾客需求为导向

价值网络的相关活动的安排和组合都是围绕顾客需求来进行的，顾客价值引发了价值网络中购买、生产、交易等一系列活动，可以说价值网络是以满足顾客需求为目标而编制的价值创造体系。而且价值网络把顾客看作价值的共同创造者，顾客参与价值创造，并把他们的价值要求作为企业活动和企业价值取得的最终决定因素。在确定了顾客需求后，各成员以特定的功能和资源，协调实现一体化，使成员业务上进行相互嵌入，将多个产品和服务捆绑在一起，提供给客户。在这个过程中，往往核心企业起着中枢的作用，为提高整个价值网络的效率和最佳地满足市场，进行调整和优化网络的结构和构成。目前价值网络一体化的进程多以信息技术为支撑，在非线性的交互联系方式的基础上，适时调配管理方案和合作方式，不仅可以快速反应，协调成员活动，还可以高效地满足消费者的需求。

三、旅游产业价值网络租金的来源

网络合作关系能够产生超出非合作关系的超额收益，胡平波（2006）指出，在网络组织制度下，所有组织成员所创造的总利润在抵消了他们单干利润的总和的一个正的剩余，不仅表现为交易成本的节约，还反映了成员核心资源共享形成的交易增值效应。Lavie（2006）对网络参与者租金分为两大类：可占有的共有租金和私有租金。

（一）共有租金

网络中共有租金是网络参与者通过特定的合作形式和资源共享而产生的收益（Lavie，2006），共有租金的创造超出了单个企业的资源范畴，每个网络成员单独无法实现（Singh，1998），来源于关系专用性投资、知识共享路径、互补性资源以及良好的合作关系。

1. 资源禀赋的互补

每个企业在经营过程中形成了自己的核心竞争力或特质性资源，随着竞争优势逐渐从个体资源转向组织间资源，企业之间通过联合、交换或共享各自的特质资源，可以聚集各方力量，创造出单个企业难以模仿复制的竞争力。旅游价值网络中，资源禀赋互补性要明显强于其他产业的价值网络，因为旅游跨地域、跨时间的复合性需求，天然需要各功能企业进行互补,同时,同一子产业内的企业间合作也成为常态,如豪华单体酒店、经济型酒店和中等星级酒店的区域共存,对市场各层级的客源都构成了吸引力,提升了区域内住宿和接待整体能力的提升。

2. 知识共享路径

企业竞争优势的源泉已经被广泛地认为是以知识为基础的资源,对企业来说,知识的最终价值对于网络来说并不是体现在单个企业对它的掌握,而是组织之间进行流动,充分共享,来自产业的实证研究证实,拥有良好知识共享路径的网络产生的创新高于知识共享效率不高的网络。许多创造性思维来自于供应商、其他竞争对手和客户,特别是顾客。旅游服务创新在很大程度上是"以顾客为中心的"一系列活动,其目的是通过创造新服务来满足顾客当前的和潜在的需求。顾客知识是企业的宝贵资源,与顾客相关的信息只能从顾客自身获得,顾客参与服务创新构成了创新思想的重要来源。可以说参与者在构建组织间知识共享路径投入越大,所产生的关系租金就越大。知识网络实际上是凸显组织间知识共享作用的一种知识型网络组织(彭雪红,2007)。企业竞争优势的源泉已经被广泛地认为是以知识为基础的资源,对企业来说,知识的最终价值并不是体现在个别员工对它的掌握,而是组织对知识的拥有。因此,需要不断促进知识在个人、部门、企业之间进行流动,充分共享,构建竞争优势,这成为知识管理的关键。创新活动不是依赖于某种偶然或运气的个人灵光一现,往往依靠群体或组织,要进行知识共享。Davenport 指出,知识是竞争优势,而且它具有持久性,而知识共享是知识创造的前提,不仅扩大了创新的可能性,还做到在人才离开团队时,将知识资源留下来,避免人才流失引起的知识流失,将知识沉淀在组织内部,保持竞争力。

3. 关系专用性投资

网络参与者通过关系专用性资产,与伙伴企业联合创造专用性资产,可以提高竞争优势。Williamson 识别了三种专用性投资,分别为位置专用性、物质专用性和人力资本专用性，旅游产业园的实施，实现产业链的全覆盖，"做好两端，整合中间"的产业发展思路，重点发展旅游产业前端研发设计、孵化转化，以及旅游产业后端的产品及要素交易，着力打造旅游休闲度假、商贸服务业、总部经济、旅游装备等功能，努力建设产业融合、空间耦合、资源整合、要素聚合、功能复合，最大程度发挥专用性投资效应，降低运输和合作成本，强化产品间的匹配提高本产业区的旅游产品差异化程度和产品质量，提高了沟通效率和效果，降低了错误并增强反应速度。旅游产业园的专用性投资与联盟绩效之间存在着正向关系。

4. 良好的合作关系

共有租金的创造与参与者之间的合作状况密切相关，简单的资源联合不会必然带来协同优势，仅仅形成网络就自然地产生显著的绩效是没有道理的（王琴，2010）。只有建立良好的信任关系和治理机制，才能使成员为长期收益放弃短期讨价还价和机会主义收益。合作信任关系进一步培育共有的专门性技能，这样才能带来显著的合作增值。网络参与者因为资源的依赖而走到一起的，每个参与者对网络的贡献也不相同，这奠定了他们在网络中的权利位势不同，掌握稀缺资源、不可替代资源和独特资源的网络成员，在网络中占据主导地位，网络租金的分配上就有较强的议价权利，能够从中获得更大的分配额。当然，参与者在网络中的议价能力并非一成不变，参与者所贡献的资源可能因为产业、竞争等网络外部因素而变得更为重要或更为稀缺。在旅游业发展的初期，旅行社作为旅游网络的节点型组织，发挥着组织客源和构建服务链的关键作用，因此对住宿费用和景区的门票价格有较强的议价能力，在相当一段时间内获得较高的网络租金。随着电子商务的发展，旅游业出现了如携程旅行网等平台型旅游企业，他们的网络贡献超过传统旅行社，因此具有了更高的利润。

(二) 私有租金

私有租金是每个企业拥有的其他企业或者竞争对手没有的特殊知识和

生产要素，也就是企业的异质性资源，它往往具备有价值、稀有和不可替代三项特质。指企业间合作会产生知识或技能的外溢，企业将网络合作中学到的知识外延至企业内部，提高了私有资源的运用能力。

背书效应是企业间合作会产生的一种私有租金，那些在市场上具有良好声誉和品牌影响的企业可以为伙伴企业带来声誉上的正向影响，企业若能与声誉好的知名公司结盟或建立交易关系，就会给人以品牌过硬品质有保证的印象。中国国际旅行社和中国青年旅行社一直以来是行业中的榜样型企业，在旅行社运作过程中，能成为他们的合作伙伴或是分销商，将成为一种无形的声誉和品牌，给企业带来显著的正向影响，对其业务开展发挥着不可替代的作用。酒店行业也是如此，酒店行业的供货商一直以来为行业中的国际知名连锁酒店或民族知名品牌酒店而感到荣誉，在对本企业进行宣传时，会在产品注明某某酒店的供货商或某某著名节事供货商，这间接说明在与伙伴合作网络中获得了无形的溢出效应。

四、旅游产业价值网络中的组织形式

旅游产业组织的网络化体现在企业组织层面出现了外包、集团化、集群及战略联盟等形态，各自在协调机制、合作导向和稳定性方面拥有自身优势，但其产生的目的是应对旅游市场的风险，发挥联合优势，互惠共生，合作创新。

（一）旅游战略联盟

旅游战略联盟的形成出于多种战略目的，例如共享资源、共担风险和成本、分散各自风险、进行优势互补等等，每个旅游企业在保持独立性的同时，在某一领域借助签订契约联盟和股权参与等方式，建立相对稳固和伙伴联盟关系和合作关系，其效果是双赢的。简而言之，战略联盟就是企业与企业之间通过信任建立战略性的合作，是一种协作性的竞合组织，各方合作但也保持其生产经营的独立性，各方有着对等经营实力，为达到共同拥有市场、共同使用资源等战略目标，通过各种协议、契约结成了要素水平式双向或多向流动的松散型网络组织。旅游产业网络中存在着多种较高程度的战略联盟，其主要存在于旅游集团之间和旅游集团和酒店集团、航空公司之间，他们之间签订战略合作协议，用些以协调价格互惠，共享客源，达到双赢的发展程度。

旅游战略联盟的价值环节中存在共同的因素，旅游企业之间的相关业务单元能对价值链上活动进行共享，通过共享可以有效地降低业务活动的成本和差异化竞争优势，这些收益超出共享成本时，获得所谓"净竞争优势"。战略联盟的建立，使相关合作方之间的沟通和合作经常化，大大降低了各自寻找交易对象的搜寻称为，而长期合作建立起的信任和承诺同样可以减少履行合约的风险和不确定性，即便可能会发生冲突和摩擦，当借助长期建立起的协调机制和信任加以解决，避免无休止的扯皮和讨价还价，节约了可能产生的仲裁、诉讼等费用。当然，在联盟建立的时候需要慎重考虑，不能仅仅关注经济效益，还要考虑联合企业间的文化相容性，人员之间的合作操作性，只有保持文化的融合、战略一致性，才能实现最初合作愿望，才能使企业间协调好规模、效率、力量、竞争各种关系。切忌只追求短期经济效益和财务数字，丢掉远景战略目标，要双方着眼于战略利益，求同存异，化解短期眼前的小冲突，在共同远景的规划下，强化各自的竞争优势，达到合作最佳效果。

（二）旅游业集群

Hawkins（2004）根据波特的产业集群理论从产业链和提高竞争优势的角度来界定旅游产业集群，提出了"旅游竞争集群"的概念，认为旅游集群是"由有效的旅游供应链组织起来的一系列旅游活动和旅游服务,其目的是旅游目的地所有单位协同作用以实现目的地的竞争力提升"。我国学者袁莉以及尹贻梅（2004）认为"旅游产业集群作为区域企业集群的一个组成部分,以旅游目的地的自然与人文旅游吸引物为核心要素,由处于旅游目的地产业或产品链上的众多企业部门与机构集聚而成,其目的是通过企业与部门间相互合作取得共识,以提高旅游目的地的整体竞争力,实现单个企业和地区所不能达到的结果"。旅游业集群是旅游产业网络的空间集中性表现,通过自组织或他组织沿路径进行演化,在很大程度上,目的地的竞争力体现在集群层面。旅游企业和其他要素的群聚增强了地区的竞争性,旅游业的地理性集群（法国波尔地区）和活动性集群（绿色旅游、葡萄酒旅游）。在昆士兰热带地区、旧金山那巴谷和阿尔卑斯山度假地的旅游集群发展得相当成熟,企业间建立了相互信任的关系,有共同愿景,分享营销、危机处理等方面的网络优势。旅游业集群的组织边界就是价值网的边界,它是动态演进不固定的。她既包括产业链纵向延伸和横向关联的产业部门,也包括所产生的各种关联。

旅游集群将旅游业价值链升级为价值网,主要通过三种方式：第一,在集群内的大型旅游企业对产品的整合能力和外部的网络吸引游客直接到旅游地消费,成立了合作关系的战略联盟或虚拟网络等；第二,借助集群内企业紧密合作和品牌建设为旅游者提供一揽子产品,通过高效的营销,直接与大的旅游批发商或网站建立合作,构建价值网络；第三,通过互联网和电子商务,将以前单纯地接受营销转变为旅游目的地及其他产品和服务主动营销者,在目的地范围内将所有成员主体整合到营销网络中来,达到价值网络构筑成本最低,效率最高。

旅游产业集群和旅游创新是互相促进的,一方面,产业集群为创新提供了条件,集群内的生产商、供应商、中介、研究机构、竞争者等在特定的地理范围聚集、分工合作和紧密互动,不仅有利于获取创新资源,还有利于降低创新成本、和创新风险进而加快创新速度；另一方面，集群内企业和集群整体获得竞争优势也主要依赖集群创新，同时推动集群持续发展。集群创新所带来的创新优势比集群内企业由于深入的分工协作带来的成本优势更持久，因为规模和集聚经济带来的静态竞争优势（如要素条件、分工协作）很容易随外部环境的变化而削弱，而创新作为动态的竞争优势是基于地方化知识和能力体系，难以复制和转移，故可以获得更长久的"超额利润"。因此，旅游产业集群企业通过集群不断学习转变成的集聚带来的外部经济和合作性竞争优势保证了其可持续发展。王慧敏提出5C模式，即创意（Creative）、融合（Convergence）、链条（Chains）、协同（Concordance）、集群（Cluster）是现代旅游产业发展的新模式，其核心是以旅游者不断变化的需求为中心，围绕其进行动态化的合作创新，配置旅游资源，开发旅游产品，对旅行行业关系和企业组织管理进行配套创新。

（三）旅游业服务外包

在价值网络中旅游企业将自身的某种资源与活动进行外部化，将业务交由那些能比自身更有效率完成的外部专业生产商执行，通过这种方式形成了资源互补的战略伙伴，每个企业都可以集中精力培育和提升自己的核心能力，实现自身的持续发展。经营差旅管理、奖励旅游的企业多采用外包形式，核心旅游企业把生产活动中的非核心业务通过契约形式交由其它企业生产，形成围绕核心企业的层层分包网络。分包制充分利用了网络组织来进行生产活动，以网络来应付旅游市场需求的变化，核心企业与配套企业实行纵向集成，企业之间在生产中互动合作又互动竞争，形成一种高效而灵活的弹性生产系统。

通过外包给旅游企业带来了多方面的管理效应，企业在规模收缩中扩张，企业边界模糊化并虚拟化地扩张；企业将各项活动实行了空间的分散和时间上的并行，提高了反应速度，争取了市场先机；外包使企业将相关业务转移出去，降低了中层管理的人力需求，扁平化减少了冗余的机构；外包是依托于信息网络的，通过信息网络实现与伙伴企业的时时沟通和协调合作，同时也带动了信息技术的进步，促进其迅速发展；网络化的运作模式使外包的组织管理要适应环境的变化，必须进行动态管理，不仅要分权，也要求组织机构能动态弹性调整；在战略层面，对外包提出了更高的管理需求，需要企业在充足的专业知识和经验的情况下，投入足够的精力来对整个过程进行筹划核管理，也就是要有战略驾驭能力，否则会使外包出去的业务无法控制。

旅游业服务外包具有多方面的效应，改变了旅游业的运作模式和传统对旅游业视为传统服务业的认识。服务外包需要将分工协作进一步精细化和纵深化。旅游企业为了实现更高利润目标，将服务流程拆散分布给不同企业完成，挑战服务不可贸易的魔咒。服务外包使服务供给长尾化，多级转包和分工使企业经营链条中的投入产出组织结构和空间分布呈现出网络化，拓展了链式的增值过程。旅游业服务外包摆脱了传统的非核心性业务外包的层次，已经晋升到关键性业务外包出去的水平，一些企业的人事奖励计划、会议的安排等企业关键重要的事物都交由旅游公司进行策划，显示出旅游企业业务能力的提升，并进入到了承接企业核心事物的水平。

差旅管理是旅行社以企事业或政府部门为对象，通过对企业的差旅活动进行整体考察分析，提供咨询意见，然后共同改进流程，并且通过利用旅行社所拥有的资源使企业差旅成本最小化，实现对差旅成本的控制，并提供全程服务的管理活动。其核心在量身定做的差旅管理制度，在企业差旅历史信息及管理目标分析的基础上为企业建立合理化、系统化的，成立专门的服务小组的差旅管理制度，并要建立稳定的供求关系，这是一种更个性化的管家式服务，深入到企事业内部，大到某一政府机构全年的差旅费用预算，小到某一次出差过程中客人喜欢住郊区还是市区宾馆旅行社，都必须顾及到。

目前，国内的差旅管理服务商比较多，服务模式也许差不多，但是服务内核和资源配套还是有不少差别。较为领先的差旅管理服务供应商是差旅通198网，相比传统的差旅解决手段，独创了B2B+B2C在线服务解决方案，利用先进的信息技术及业务管理模型，对差旅活动进行全过程的管理、监控、数据分析并实施持续优化策略，从而为服务企业提供完善、快捷、方便、经济的差旅服务，为企业节约费用，减轻企业行政人员和财务人员的负担，为企业管理层提供差旅管理报告以利于差旅费用的控制和提升整个企业的管理水平。

服务外包给旅游业带来了多方面的正效应。首先，外包推动了旅游业的发展，拓展了旅游业的价值网络空间，促进了旅游生产方式的转变，由服务活动内置式生产模式向服务活动外置式生产模式转变，促进了社会分工的精细化，加快了由粗放式向集约型演进的过程。另外，旅游业服务外包也带来不错的社会效应，不仅保证了旅游业就业总量的增长，而且优化了就业结构，行业内不仅吸纳了不同劳动力也吸收了掌握信息技术、外贸业务、人力资源等业务的就业人才。更重要的是，服务业外包减轻了生态压力，多数依赖信息技术，低耗材高附加值，实现环境友好型发展。

（四）旅游企业集团

通过旅游企业集团，内部企业可以取得规模、速度、网络经济等优势，同时对知名度、管理者业绩提升和适应竞争环境等方面都有帮助。企业集团在结构形式上，表现为以大企业为核心、诸多企业为外围，多层次的组织结构在联合的纽带上，表现为以经济技术或经营联系为基础，实行资产联合的高级的、深层的、相对稳定的企业联合组织；在联合体内部的管理体制上，表现为企业集团中各成员企业，既保持相对独立的地位，又实行统一领导和分层管理的制度，建立了集权与分权相结合的领导体制；在联合体的规模和经营方式上，表现为规模巨大、实力雄厚，是跨部门、跨地区，甚至跨国度多角化经营的企业联合体。酒店业在上世纪掀起了集团化浪潮，全球60%以上的收入都被企业集团纳入囊中，在我国外资旅游企业集团的竞争优势明显，显示这种组织形式的生命力。

（五）旅游虚拟企业

由于信息技术和通讯技术高度发达，旅游企业之间的合作关系已可以突破传统的长期固定的合作关系，而通过网络、应用信息技术与通信技术进行分散的互利合作。近几年兴起的旅游团购网站如驴妈妈、途牛网，就是通过信息技术，把分散的旅游提供商联合起来，利用网络间的合作关系，推出多样化的旅游产品和线路，适应多样化和个性化的旅游需求。

当一家或者更多合作公司发现旅游市场机会，与其他公司合作时，一个虚拟企业的生命周期就开始了，要经过盟主企业的目标定位、成员企业的选择、任务分解、过程控制几个阶段进行合作创新。在当前信息技术向各个领域渗透的过程中，旅游业也会形成很多新的市场和未开发领域，一些企业根据自身的特点对市场进行详细分析后，明确了合作的目标和资源组合结构，开始策划组建虚拟企业成员。在成员企业的选择上经过一个综合评价的过程，企业明确市场需求后，要进一步明确外部竞争力的组合结构，寻找确定相应的核心能力突出的企业，往往需要借助企业在日前积累的社会网络关系进行筛选。成员确定后进行任务分解，将任务分配给各联盟企业，盟主进行品质监督、总体协调、冲突化解。在虚拟网络组织运转过程中，组织结构、文化和资源的融合非常重要，因此需要对运营模式、组织模式进行控制，确保联盟企业的成功合作和及时满足客户的需求。

五、旅游产业价值网络协调

在市场与组织之间，价值网络中的制度安排决定着有关主体间的利益关系，影响着价值网络的效率和组织的效率。在价值网络中，原来有关单一组织或价值链上适用的制度与管理规则会发生很大的变化。首先，对资产的认识发生的改变。在价值网络中，制度的安排不仅仅承认物质资产和知识产权，而且承认主体间的相互关系是组织的资产，承认各类资源选择的扩大是资产的增值。这样，传统的定价模型将被修正，对竞争优势的认识将改变。其次，在新的制度安排下，规模经济和范围经济的内涵将发生变化。在价值网络中，规模经济是在保证满足顾客个性选择的基础上实现的，企业的范围经济是通过网络中不同组织的协作完成的。再次，影响企业决策的交易成本在内容和形式上发生变化。原先发生在价值链上的交易成本通过网络将大大降低，而维护网络中组织间关系的交易成本将会提高。最后，价值网络中的供求平衡不仅仅表现为提出需求与供给产品或服务，而且表现为创造需求与主动供给、提出需求与组织供给并存的局面。在此基础上，价值网络中的供给者和消费者之间会产生新型的关系，而网络中的组织也将会与网络外的组织或个人建立新的客户关系，以推动双方的价值创造。

因此，网络协调构成了协调经济行为的另一种独特形式（Powell，1990），不同组织在共同创新产品和服务过程中建立的具有选择性、持续性的生产与交易的协调结构，不仅提高了市场的组织化程度，拥有规模经济和范围经济优势，还降低了外部交易成本，以及较高的内部组织成本。组织借助网络不仅保持了自身的独立性还获取了组织内部不能提供的外部资源和资源控制权利。在这一过程中，多元参与和协调合作成为创新的关注点。

在价值网络中，旅游企业构成了具有可选择性、持久性和结构性的结合，旅游产品和服务的交易依靠更多的是社会性因素而不是法律性因素。那么，旅游业价值网络的管理模式因复杂程度、信息知识被编码的范围，网络主体的能力正逐渐创新形成三种协调模式，即关系型、模块型和领导型。每一种协调模式都是适应组织网络化的结果，使价值网络的价值创造过程和管理更加高效和具有创造能力。

（一）关系型协调模式

随着科技的迅猛发展，越来越多的旅游企业认识到单凭企业自身的力量很难在竞争激烈的市场环境中求得生存，企业要学会利用嵌入到社会的网络关系谋求资源和机遇，可以说社会关系成为衡量企业竞争力的又一个变量。在关系型网络中，网络协调更多地依赖于相互之间的社会关系，而不是权力控制，供应商的能力要比领导型中的供应商强，他们与领导厂商之间相互依赖。通过网络参与者长期的网络所建立起来的信誉、声望等非正式契约非常重要，提高了组织的柔性化、敏捷度，快速市场进入和退出，更容易适应市场的不确定性。

旅行社行业是典型的关系密集型行业，以中小企业为主，行业运转以协作为主题，依靠关系型契约和信任，在信息和竞争非充分、规则非完善的交易活动中，以文字、口头或是习惯而定的隐含合约，双方均利用特有的资源优势来应对与其有利的环境，在一定程度上是一种自我实施的合约。关系型契约能有效地防范机会主义行为。由于信息不对称，双方依据企业间长期交往和沟通，动态性地调整、完善之间的合作。中小旅行社企业通过接受核心企业或优势企业先进的客户资源、管理理念和经营方式，不仅向核心企业或优势企业提供符合要求的产品或服务，而且能实现在分工协作基础上的非一体化，统一协调企业间的行为。这样，在企业间存在的机会主义行为因企业间的有效协调而得以消除，至少是部分消除。在关系型的协调模式中信任机制非常重要,成员间具有信心的期望完成潜在交易的主观信念,不论是否由对方的监督和控制,或是这种监督和控制力如何。这要求成员具有很强的承担风险的意愿,相信合作伙伴不会利用自己的弱点而牟利。这些信任源自于共同的价值取向,成为网络成员的黏合剂。

(二)模块型协调模式

芮明杰(2006)指出,从模块化的发展过程来看,模块化最初起源于产品设计,后来扩展到产品生产,最后发展为产业链组织方式。模块化生产是对传统生产方式的革命,是从生产工艺分工及组织到产品功能分工及组织的巨大变化,这种变化会导致产品链、价值链和知识链呈现网状结构。这种变化的结果是,能够生产更多可供消费者选择的产品,更有利于消费的个性化,而消费的个性化是人类消费最重要的发展方向。确实,个性化需求与大规模生产之间的矛盾天然存在。为了满足顾客多样化的需求以及有效控制成本,旅游业开始出现模块化协调模式。模块化协调一方面可以借助长期形成的合作关系降低交易费用,另一方面还可以减少不确定性,提高柔性生产能力,成为克服市场失灵和内部组织失灵的制度性安排和资源配置方式。一种情况是旅游成为一个价值模块嵌入到其他产业的价值链当中,成为其产业链上的增值点,另一种情况是,旅游业的运营体系由来自不同产业模块单位构成。

模块化的协调使交易双方就产品的设计和生产的环节形成了明确的分工。产业链上下游形成了强烈的依存关系,这一关系长期存在,而且随时间而被强化。需求方不想介入到生产环节,双方都依赖于对方的能力来完成生产。下游企业想与更多的供应商合作,以获得更多的销售渠道,另一方面,上游企业也尝试寻找在技术和组织上的突破,与更多的下游企业合作。短期来看,这种相互搜寻的过程产生不利的后果,必须双方妥协和让步,使得各种关系的质量参差不齐。

1. 模块化动因

1997年哈佛商学院院长克拉克指出模块化已经进入到了大发展的时期,并会对所有的产业结构调整产生深远的革命性意义。模块化是把系统分解成相互独立的组成部分,通过标准化的"接口"将各部分连接为一个完整的系统。模块化是一种有效的组织复杂产品和服务流程的战略和协调方式,不仅减少了生产过程中循环的次数,而且加强了复杂产品和服务的生产能力,降低了开发和运行的不确定性和风险性。模块化研究的权威青木昌彦给出的模块化定义是:把一种复杂的组织或工程,按一定规则分解成半自律的下组织过程。随着模块化的实践深入,已经被理解为是一种有效的协调方式和战略,以达到解决复杂问题的目的。

网络层面的模块化是在产品模块化、组织模块化的基础上发展而来的。产品层面的模块化是应用最为广泛的领域,产品往往具有复杂性和可分解性的特点,研究的焦点在于如何通过有效的模块化方法或设计达到最低的成本和个性化的实现,提高生产效率和企业的竞争力。组织层面的模块化研究集中于模块化战略,将一个企业组织分解成若干个模块化单位,使这些单位之间实现关系契约化。组织层面的模块化可以改变行业竞争格局,生产、流程和供应链结构的完善,将促使产业竞争格局发生改变。当全球化加深趋势越来越明显的情况下,模块化向网络层面延伸,出现了新的生产组织形式,模块化企业之间形成了复杂关系网络,协同利用模块化进行资源配置,完成产品和服务的设计、生产和整合,激发了强大的网络创新能力。它还打破了垂直一体化的界限,多个企业完成以前由一个企业单独完成的功能。Sturgeon认为模块化就是价值链的模块化,这些节点通过交换信息,创造出全球制造系统。通过网络模块化,企业在遵循共同协议的基础上,与其他企业开展合作,充分灵活地运用其他企业的资源,这种战略技能对市场变化做出快速反应,又能迅速升级换代,满足快速多变的市场需求。

2. 价值网络的模块化

价值网络模块化以实现顾客价值最大化为起点，将不同类型的企业之间核心能力要素协调整合，适应动态变化的环境，在价值体系中充分发挥企业成员和知识能力。通过与网络成员的交流和沟通，在相互协调中，各企业确定自身不可模仿、不能复制的核心知识和能力资源，这是支持可持续竞争的关键，之后，把合作伙伴整合成为价值网络中联动管理的一部分。模块化的价值网络在协调生产方面具有企业和市场双重性质，能充分发挥"分"与"合"的作用，从而在实现新经济、知识和制度等生产要素收益递增，并提升系统价值，节约成本总量，促进创新等多方面发挥作用。模块化协调的特征如下：

（1）以实现顾客价值为战略出发点

价值网络经过模块化协调将各战略经营单位的核心业务进行收缩，协调连接，构成了虚拟组织，共享和互补核心竞争能力的业务组合，能力要素为主导的能力要素组合。模块化是将网络经济、规模经济、风险对抗、黏滞效应和速度效应集合在一起，从而提高了客户价值让渡的效率。价值网络中各成员的协调和组织都是围绕着顾客的需求，提供满足个性化需求的定制化方案，保证了每一道工序和环节都能快速高效且环节间无缝过渡，全方位满足顾客的要求，使服务质量和效率得到了提高。

（2）将价值网络进行了整体化

价值网络中的企业成员及其利益相关者相互形成了一个价值生成、分配、转移和使用的创造体系。通过模块化，价值网络的更新、创新等整体功能实现了每个模块的更新和联系规则的更新。通过这个网络顾客的需求被分解为多个不同的功能和服务环节，每个环节通过有效地连接整个自身的核心竞争力，打造了完整的价值网络功能，提高了网络效率并创造了更多的顾客价值。

(3) 模块化的价值网络具有高度协作性

模块化价值网络由多个相互作用、相互依赖的组织按照一定的规则组成，它是一个柔性化的组织，以横向和纵向价值链布置资源和能力的组合，变成一个多元素的价值创造系统。系统的运作集成商或者是网络盟主，他们的作用是编制价值网络，将多样的竞争力和核心价值进行组合，最大化地发挥出每个成员的潜力。在这各网络组织的过程中需要每个成员合作协调，围绕集成商或盟主构造价值创新网络。核心成员随着市场需求不断调节伙伴间的资源和知识组合，以适应不同任务。

(4) 模块化价值网络具有动态性

模块化价值网络是每个成员功能和资源的组合，能够轻易地进行连接和分离，非常具有灵活性。模块化的价值网络在与外界不断进行资源交换的过程中演化和发展，调整着自身的创造价值的秩序和结构。

3. 旅游价值网络模块化

旅游价值网络系统可以分解成大小模块，每个模块在系统中发挥专业化的优势和资源优势。价值网络由横向结构和纵向结构构成。纵向结构是形成价值网络的基础，是在买卖关系基础上发展而来的，围绕着同一类产品存在供应链的关系。在纵向结构中表现的增值过程是生产和销售的各个环节的活动组合。围绕着产业链形成了价格与产量的传导机制，纵向结构式关系最紧密最明显的就是组织，是传统价值链研究的核心。横向结构中处于产业链相同环节的厂商形成了竞争关系，在水平方向上产生了共存、合作与竞争的关系。厂商之间进行频繁的商业、信息方面的交换，实现社会、生产、技术等资源的共享，其目的是更有力地获得某种资源，向有利自身核心能力的方向发展。横向结构和纵向结构叠加后形成了柔性化的网络，网络形成之初结构的功能性由横纵向结构框定了雏形。随着核心企业的战略布署和外界市场的变化，模块化的价值网络边界会动态进行调整，其结构也会随之不断的复杂化。

以差旅管理为例，针对各类企业的出差旅行、会议展览、建立旅游和商务考察的需要，提供专业化咨询、系统化管理与全程化服务，在事前计划控制、事中过程控制和事后做报表分析，将以往的旅行社业务融入到其他公司的整体运作当中，成为一个价值模块，旅游企业承接了外包的旅游服务业务。上海和广东的旅游集散中心运营模式是将旅游过程中的各个环节进行了模块化管理，每一个模块本身有自演化功能，以个别模块的革新竞争为基础的自下而上的系统创新，使平行操作成为可能，有利于应对旅游需求的不确定性。模块化的发展模式意味着旅游业经济资源的升级，组织、网络、信誉和社会资本等高级资源成为了主导因素，超越了以往旅游业基本要素（自然资源、人文资源和社会存在），加快了旅游业与网络社会的紧密联系，推动旅游业的转型。

（三）领导型协调模式

在领导型网络中，供应商的能力较小，领导公司对中小企业的监督和控制力很强，供应商在限定的范围内，提供专用性产品，因此对领导企业依赖性强，转换交易对象的难度大。领导企业在高度控制基础上，对"俘虏型供应商"提供各种支持，以保持合作关系，包括设计、物流、配件购买、技术升级等方面的支持，防止其竞争对手从供应商那里搭便车，在他们先期指导中受益。

迪士尼公司将统一卡通形象以不同方式进行包装和运作，出现在电影、影视、书刊、服装、手表、午餐盒等多种形式中，不管采取什么形式都会给迪士尼公司带来回报。迪士尼欢乐文化的背后存在着一个产业不断发展、扩充、升级的商业运作体系。迪士尼大集团的构架非常复杂，但大致有以下部门构成——娱乐制作部、主题公园部、消费品部、媒体网络、国际业务部。迪士尼公司与其供应商之间形成的就是领导型的价值网络协调模式。

深圳的华侨城集团,以旅游为核心概念构造了一个网络化的价值创造体系,将娱乐和休闲概念进行延伸,将游乐、服装、购物、体验、餐饮、地产等产业链编制在一起,进行布局,不留下价值空白点,不管采取何种形式都给公司带来丰厚的回报。华侨城的成长过程是一个产业网不断构筑和充实的过程,与之相联系的各类企业众多而且复杂,都要通过华侨城公司来进行领导和协调,不断研制和推出具有吸引力的新颖体验产品。

第二节 价值网络创新:旅游新业态

一、旅游新业态的认识

(一)对旅游新业态的认识

业态一词来源于日本,安士敏先生认为:"业态是定义为营业的形态",它是形态和效能的统一,形态即形状,它是达成效能的手段。"旅游新业态"这个近两年出现的概念被旅游学者抽象描述为我国在从大众旅游进入后旅游时代出现的各方面变化,它不仅指产品、技术、服务的更新,企业组织形态和经营方式的创新(邹再进,2002),还指盈利模式和经济效率的变革,"是一个旅游业自身发展的综合性问题"。

笔者认为在旅游业寻求从微利向高附加值,消费性向生产性,同质化向差异化战略转移的背景下,旅游新业态是旅游创新主体复合化、创新过程动态化、集成化的一种阐述,其本质是旅游创新问题,而且是在组织网络化背景下产生的创新。旅游新业态是指针对旅游者的消费需求,按照一定的战略目标有选择地提供销售和服务的类型化服务形态,其实质是指商业运营模式。从价值网络的视角考察新业态,强调了以顾客为核心形成紧密合作、快速反应的网络价值创造。旅游的新业态出现是旅游价值网络借助产业融合,不断整合新的业务单元和能力要素的结果,是合作创新的具体表现形式。因此,研究旅游新业态,要从产业融合的认识开始。

(二)产业融合催生新业态

20世纪70年代以来,以信息技术为核心的高新技术快速发展和扩散,一些基于工业经济时代的大规模生产分工的产业边界逐步模糊或消融,并在原有的产业边界处融合发展成新的产业业态,成为价值的主要增长点和经济增长最具活力的源泉与动力。这一革命性的产业创新推进了全球经济服务化趋势的发展,并导致社会经济的深刻变化。许多演化经济学家就此提出了产业融合理论,较好地解释了这种产业现象,即新型业态是产业融合的结果,它体现了行业在新的竞争情况下,不断发掘和强化自身核心竞争力的要求。产业融合的产生是产业经营环境变化和市场竞争演化的必然产物。

产业融合的概念最早可追溯到美国学者卢森伯格对于没有机械工具产业早期演变的研究当中。他认为在19世纪中期相似的技术应用于不同产业时,一个独立、专业化的机械工具产业出现了,并将这个过程称为技术融合,即不同产业在生产过程逐渐依赖相同的一套生产技术,从技术角度看原先分离的产业变得紧密联系,最典型的就是缝纫机制造业、自行车制造业。美国学者格里斯斯坦指出,产业融合作为一种经济现象,是指为了适应产业增长而发生的产业便捷的收缩或消失。

产业融合是一个动态演变过程,由三个连续的阶段构成。第一阶段,是指不同产业的分立阶段。由于产业是生产同类或者有密切替代关系的产品或服务的企业群或企业集合,当两个不同产业分离时,各自存在退出壁垒、相互之间则存在着进入壁垒的问题，知识产业之间存在着各自的边界。不同产业的生产技术及工艺流程不同，形成产业间的技术性进入壁垒，从而使不同产业拥有各自的技术边界。因此，不同产业所提供的产品或服务具有不同的特性或功能，满足消费者不同的需要，他们之间的可替代性非常小。第二阶段，是指不同产业由分立走向融合的过程。技术创新在不同产业之间的扩散导致了技术融合，技术融合逐渐消除了不同产业之间的技术性进入壁垒，使不同产业形成了共同的技术基础，技术融合使不同产业所提供的产品或服务具有相同或相似的特性或功能，满足消费者相同或相似的需要，此时，不同产业所提供的产品或服务成为替代品。第三阶段，产业融合阶段。原先不同的、分立的产业拥有相似或相同的技术基础，为消费者提供相似或相同的产品或服务，满足其共同的需求，各产业之间的进入壁垒降低，形成替代竞争关系。原先不同的、分立的产业之间传统的边界模糊起来，甚至消失，出现产业融合趋势。简而言之，产业融合是指不同产业之间的传统边界模糊，甚至消失，进而形成新的产业增长点，即新业态。

旅游价值网络的创新是在产业融合的推动下进行的，从知识角度审视旅游产业融合，可以看出现代旅游产业是各种知识的集合，表现为知识的交流、共享与融合，产业融合就其实质而言是知识的融合。旅游产业创新与旅游业融合的前提和基础是知识的交流与共享。在产业融合进程中，不同的产业体系或同一产业体系的不同链条分享和利用了共同的知识，提高了对知识源的认识和理解，并进行了相互补充，减少了知识的重复投入。分散在不同产业内的专有知识进入到了"外化—融合—内化"的循环过程中，通过整合直接促成了横向产业的诞生，知识交流、积累、融合促进了新产业的知识创新能力。现代旅游产业体系演进中的并列进行者两类活动，产业融合与知识共享，没有产业融合对知识共享的要求，知识共享将失去其目的性，同样没有知识共享所能提供的共同知识基础，产业融合则不能最终实现。正如马歇尔所说，知识是生产中最有力的发动机，知识本身的融合带动了旅游产业的融合，使原来分立的旅游产业之间潜在的连接和融合端口被挖掘出来，通过模式糅合连接成难分彼此、行业界限模糊的新型旅游产业形态。

产业融合是"道"而不是"器"。产业融合是信息革命之道，是信息时代的一切财富之源。这个"道"可对应许多的"器"。反过来说，"器"相同，不一定"道"相同。因此我们不能从形式表现的层面，而要从内容本质的高度来领会其内涵，达到拓展。首先，产业融合意味着产业边界模糊化和经济服务化。其次，产业融合意味着产业间的新型竞争协同关系建立。另外，产业融合意味着更大的符合经济效应产生。这三个层面揭示了产业融合的展示内容，归结到一点，即产业融合拓展意味着产业经济知识化。从中我们可以看到突破了以往的产业界限，创立了新的协作关系，各种组织进一步形成更广泛的网络化联系，本质上说是一种组织网络化的形成方式和路径。

二、新业态的价值构筑

旅游业在产业融合浪潮的带动下，已经显露出了"跨界"网络化发展的动向。一方面，新型业态不断出现，像工业旅游、会展旅游、农业观光游、医疗旅游、教育旅游、房地产旅游需要跨行业经营。另一方面，产业功能不断丰富，旅游景区可以同时作为影视、动漫、文化基地，养老、医疗行业也在与旅游业展开合作，旅行社业务贯通了会议组织、咨询、人力资源管理，展览策划。此外，组织结构也随之演化，出现了跨行业的系统集成商、双边性质的旅游平台组织。种种迹象表明，旅游业正悄悄地对其他产业进行着"渗透"，在各个层面与其他产业进行"对接"，在产业边缘地带激发出各种新的旅游产品和服务方式，以行业实践丰富着产业融合的内容。

从近几年的发展情况来看，旅游借助与其他产业的融合引入信息、技术、金融、关系等资源，创造性地重塑旅游体验，使医疗、修学、会展、节事、工业生产、企业奖励等活动被旅游化，涌现了旅游电子商务等新业态，产业中的参与主体不限于传统的接待业企业还包括信息、生产性和公共服务型企业，如医疗机构和工业企业，为它们带来了新的业务增长空间和营销渠道，增强了旅游业网络关联度和活动量。据 Scott（2007）研究，越是发达的旅游目的地，产业网络联系就越复杂且绩效越高。而对处于生命周期衰退阶段的目的地，如英国传统海滨度假地，由于海滨资源退化，旅游经营活动减弱，旅游关联企业相继搬离，产业网络活跃度非常低。可以看出推动旅游网络演变进而产生业态创新的重要力量来自于产业融合。这个过程产业价值创造机制冲破固有链条，进行重构，伴随着与向其他产业渗透、融合，将价值节点按照旅游需求进行重组整合，是一个创新的过程。

（一）旅游新业态价值网构筑的动因

1. 旅游体验性要求

旅游学者谢彦君指出：如果抽掉了旅游体验，旅游现象的大厦就会倾塌。在旅游的整个现象世界，如果没有旅游体验，各种其他旅游相关活动就没有发生的理由。旅游体验是旅游世界最核心、最基本问题，作为一个内核"统驭"旅游学术研究和建设。

体验作为旅游内核，天然偏好"新""奇""与众不同"，Sundbo 指出，如果说资本主义将产品和服务商品化，那么体验就是一种新的去物质性的能带来持续上升回报的商品，把体验作为一种独立的有价值的商品，是一种新的研究视角，由此产生了"新旅游"范式和商业机会。旅游是人们在逸出并独立于生活世界的旅游世界中寻求愉悦和审美的活动，是一种有别于居家生活的经历。经过舞台化和商业化后，旅游体验寻求旅游目的物的真实和游客自我的真实，娱乐、逃逸、审美、教育、移情等高级体验复杂而多变，需要不断对服务与管理进行改进和提升，这样才能使游客获得相应的高质量体验；此外，游客将体验建立在记忆之上，并不断在此进行改写和提升，最终形成整体性体验，它不容碎片化（谢彦君，2005），这又需要多个服务部门和企业的协同合作与创新。因此，旅游体验对创新的需求贯穿了个人、企业、产业层面，驱动企业在各个层面进行创新，不断创造难忘的体验产品。同时，体验涉及到制作一个秘密，还有一系列相配合的景象。这是一个知识密集型的过程，在规划主题，采用何种科技，获取消费者希冀的兴致点等等环节都需要创造知识。需要不断通过互动进行知识的转移与吸收。

另一方面，旅游经济是典型的体验经济、转型经济。所谓体验是使每个人以个性化的方式参与其中的事件，是当一个人达到情绪、体力、智力，甚至于精神的某一特定水平时，在意识中产生的美好感觉。体验策划者不再仅仅提供商品或服务，而要提供最终的体验，充满了感性的力量，给顾客留下难忘的愉悦记忆（张承耀，2005）。体验经济是终极的以客户为中心的经济形式，它具有终端性、差异性、知识性、延伸性、参与性和补偿性。这就要求旅游业具备开放性，按主题化要求为消费者提供各种价值的复合体，这样激发出的新颖难忘的事物或过程，才会给消费者留下愉悦的记忆、深刻的经历。由于产业间分工的细化，多样化价值的提供不能依赖于单一产业，而要靠跨产业的重组与融合，所以说，旅游的体验性特征要求旅游产业进行融合。

2. 闲暇的二重性

布莱特比尔认为，闲暇是去掉生理必须时间和维持生计所必须的时间之后，自己可以判断和选择的自由支配时间。马克思把闲暇进行了二分：

从事休息、娱乐等普通活动的时间,称为第一闲暇;劳动者利用一部分闲暇时间进行学习与专业技术的培训,不断增长知识与提高生产技能,通过社交等有关活动丰富社会经验与了解社会关系,通过文化活动,在精神上得到美的艺术享受,是精神、智力、交往等高级活动时间,称之为第二闲暇(李仲广,2005)。随着社会进步与发展,闲暇时间中的大部分不再用于消费物质资料,而是用于消费享受资料和发展资料,为财富创造做着实质性的要素投入,因此,闲暇具有经济二重性:消费性和生产性,而且生产性的作用越来越突出。在休闲视野下的"旅游"强调旅游是人类的一种休闲行为,是闲暇时间所从事的游憩活动的一部分,是第一和第二闲暇的复合载体,自然也具有二重性。传统旅游业属于消费型产业,其边界内的功能属于消费性功能,生产性的表达在其边界内不能圆满实现,因此,人们的发展性诉求需要与其他生产性服务业或非服务业联动形成融合载体。诸如体育旅游、教育旅游、医疗旅游等融合产物,都是对旅游这一内生特质的呼应。

3. 企业竞争对经济性回报的战略安排

企业出于对经济性的追求客观推动了产业融合的发生,主要表现在范围经济方面。范围经济最初是指"同一家企业生产两种产品的成本小于两家专业企业各自生产一种产品的联合成本"。后来这一概念被进一步地扩展,不仅仅指成本节约所带来的经济效益,还有可能是受益范围增加所带来的效益。如业务的协同效应、市场范围扩大等,为此资源的充分利用增强了可持续性,经营者可以获得更多的回报。因此,企业对利益,钱德勒就范围经济定义为"联合生产或联合销售所产生的经济效益"。在旅游业与其他产业融合过程中,旅游趋于无边界发展,多业务组合分散了风险,多元化产生协同效应,多种的追求,是融合发生的经济性动因。在这个过程中竞争者也起到了很关键的作用,竞争者对创新活动也相当重要,服务企业可以通过模仿竞争者的创新行为而在自身内部产生创新,同时因为服务企业通常不采取进攻性的创新战略，因而一项创新出现和发展的条件经常是竞争者首先行动。以旅行社为例，目前我国旅行社数量截止到 2009 年年底达到 21 649 家，竞争非常激烈，携程旅行网成为摆脱旧有旅行社服务模式的先锋，开辟了旅游电子商务时代，随后激发出了更多的新型旅游服务模式，如"去哪网"的引导消费模式，"宝中旅"的旅游专卖店模式，"易游天下"的连锁模式等等。

从另一个角度来讲，企业战略是一种最为根本同时也最为有效的创新内部驱动力。战略是服务企业有关自身发展的长期规划，是指导服务企业各项活动的根本准则。具有创新意识的服务企业会将创新作为战略规划的重要组成部分，并以此作为获取竞争优势、占领市场和形成良好顾客形象的根本手段，这就使创新成为企业谋求生存和发展的主动需要和内在动力。战略驱动的创新活动是一种系统性的活动，成为主导模式。除此之外，高层管理和营销部门的管理活动也成为关键的驱动力。因为常常是市场驱动，而营销部门是与顾客直接接触并拥有足够市场知识的职能部门，它会根据市场的变化和顾客的需求及时通过管理活动作出反应，并激发新业态的出现。

旅游创新研究学者 Hjalager 在 Abernathy-Clark 创新模型的基础上，进行了针对旅游业的修正（图 3-1）。代表业务链条扩展和竞争力保有的横纵轴交叉后，形成了四类创新战略，分别是规律型创新、利基型创新、革命型创新和结构型创新。

规律型创新在旅游中的体现，如大型酒店对综合复杂社会使得投资、通过技术或时间规划的改变而去掉结构性瓶颈、内部人员培训而改进和增强了服务，或为顾客提供额外优势，更新质量标准比如从两星升级为三星，拓展进入新市场。利基型创新体现在目的地或旅游行业有新领域企业加入成为现有企业的补充，如保健服务的零售商进入到旅游行业；建立营销联盟某一旅游专业市场的旅行商进入到新的客户群体中去；已有的旅游

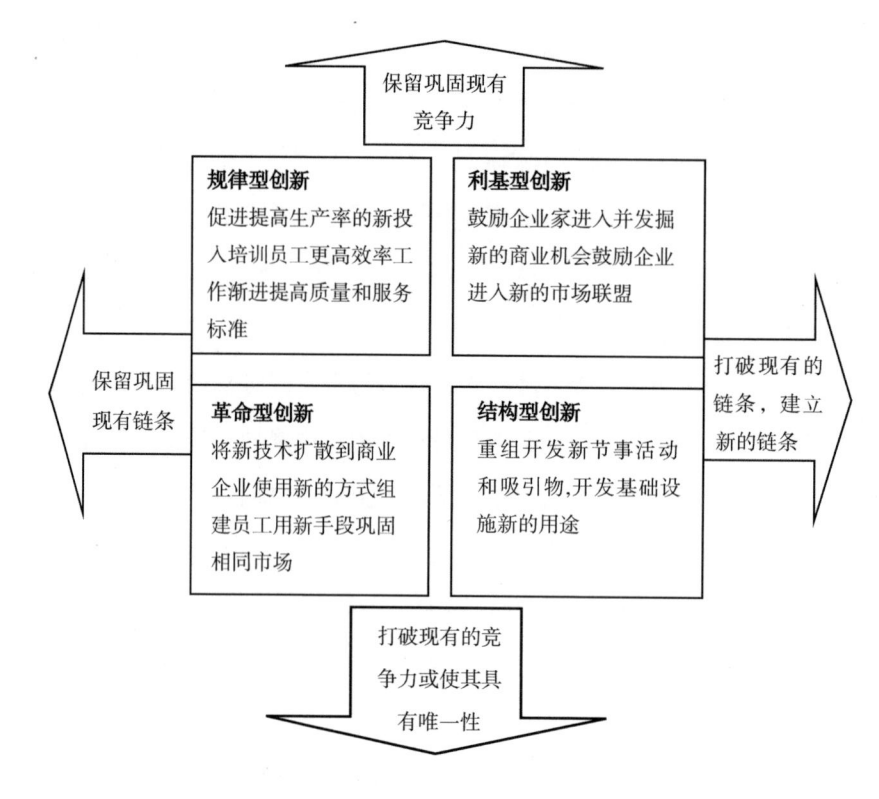

```
                    保留巩固现有
                       竞争力
          ┌─────────────────┬─────────────────┐
          │ 规律型创新      │ 利基型创新      │
          │ 促进提高生产率  │ 鼓励企业家进入  │
          │ 的新投入培训员  │ 并发掘新的商业  │
          │ 工更高效率工作  │ 机会鼓励企业进  │
保留巩固  │ 渐进提高质量和  │ 入新的市场联盟  │  打破现有的
现有链条  │ 服务标准        │                 │  链条,建立
          ├─────────────────┼─────────────────┤  新的链条
          │ 革命型创新      │ 结构型创新      │
          │ 将新技术扩散到  │ 重组开发新节事  │
          │ 商业企业使用新  │ 活动和吸引物,   │
          │ 的方式组建员工  │ 开发基础设施新  │
          │ 用新手段巩固相  │ 的用途          │
          │ 同市场          │                 │
          └─────────────────┴─────────────────┘
                    打破现有的竞
                    争力或使其具
                      有唯一性
```

图 3-1　修正的旅游业 Abernathy-Clark 创新模型

资料来源：Anne-Mette Hjalager（2002）Repairing innovation defectiveness in tourism

产品的重新组合如主题日，节事策划等。革命型创新在旅游业中有集中反映，如旅游企业中间广泛应用某个新技术，员工不必再进行以往的操作就可以实现目的，最典型的一个例子就是厨房设备革新与半成品的配送的结合，结果是餐厅不再需要某些烹饪技术了。电子商务与发放传单和宣传册有所不同，但顾客和广告主还是与以前相同。结构型创新使整个结构发生变化，建立新的规则也重塑旅游概念。挖掘新的旅游资源，如南极探险旅游，需要全新的设计、建筑、设备和市场销售。在这个思考思路下再认识旅游新业态就会比较清晰。

表 3-1

创新战略	创新行为	新业态
利基型创新	工业旅游、会展旅游、农业观光游、医疗旅游、教育旅游、房地产旅游	中旅修学游、崇明岛农业观光村
结构型创新	文化创意产业旅游	上海 M50 园区、南京 1865 园区
革命型创新	旅游电子商务、旅游集散中心、旅游信息呼叫中心	携程旅行网、上海旅游集散中心、12580 信息中心
规律型创新	知识管理、服务质量管理	上海工业旅游促进会、上海旅委研究项目招标、上航假期旅行社

4. 旅游需求的变化

按照科特勒的定义，市场是由一组具有特定的欲望和需求并且愿意和能够以交换来满足此欲望和需求的潜在顾客组成。现阶段社会经济的飞速发展，给消费者的消费观念和消费方式带来了多方面的深刻变化，并使旅游消费需求的结构、内容、形式发生了显著变化。

从消费结构看，情感需求的比重增加，消费者在注重产品质量的同时，更加注重情感的愉悦和满足。《大趋势》的作者奈斯比特说，每当一种新技术被引进社会，人类必然要产生一种需要加以平衡的反应，也就是产生一种高情感，否则，新技术就会遭打排斥。人们购买旅游产品的目的不是出于生活必需的要求，而是满足情感上的渴求，或者追求某种特定产品与理想的自我概念的吻合。在这种趋势下，旅游者也在消费活动中逐渐成熟起来，加之消费思潮的日新月异，因此旅游萌芽期的走马观花已经难以满足消费者的需求，越来越多的旅游者和旅游经营者都已经注意到了旅游的主题和深度的改变。

从消费内容来看，人们对个性化产品和服务的要求越来越高。人们越来越追求那些能够促成自己个性化的领域和产品，在外在、形体和内在的追求上，旅游者在内在心灵深处追求自我的审美和陶醉，非从众心理日益增强，相信自己的判断，相信自己的感觉。人们常常把旅游活动目的称为

"求新，求逸，求知"。这种说法虽然不够准确，但是，却可以简单而概括地指明旅游者的目的特征。除了冬季北方冰雪旅游的继续走俏、乡村旅游的继续升温外，新辟旅游目的地旅游、西部旅游（包括青藏高原旅游、宁甘陕旅游、新疆旅游）、台湾旅游等，都逐渐成为新的热点。

从价值目标看，从注重产品本身转移到注重接受产品时的感受。人们从过去的观光旅游正逐渐变为体验旅游，诸如野外生存训练，挑战极限等项目受到青睐。我国的传统旅游，比较注目于清净与闲适。但是受现代思潮影响的年轻人，却更喜爱快节奏的游乐与刺激。与观光游不同的是游乐旅游有更多的参与，不只能够带来更多的愉悦，而且常常伴随着挑战自我。新潮新异和令人心跳的游乐旅游，将是国内旅游今后发展的不可或缺的重要组成部分。

从接受产品的方式上看，人们已经不再满足于被动地接受企业的引导和干预，而是主动地参与到整个产品形成的设计过程中来。虽然全面个性化的旅游时代还没有到来，但是个性化的趋势已经越来越显现。最引人注目的，是目前不少旅行社已经开始了面向自驾车旅游的自选式"菜单"服务。加之近几年赴港澳"自由行"的启示，从发展趋势看，目前旅游者自己制订线路的消费方式，在未来的国内旅游业务中还有进一步蔓延的可能。这种所谓DIY式的自点菜单式的旅游消费，或者就是扬克洛维奇营销顾问公司（Yankelovich Partners）在旅游趋势观察报告中所指出的，世界旅游中正在发生的"从以目的地为中心向以游客为中心"的转变。

为了满足这些新的旅游需求变化，必须不断推出新业态，顺应市场的发展。

（二）旅游业态价值网构筑过程

旅游产业融合是一个动态过程，最初是旅游产业与其他产业的分立，旅游业与其他产业所提供的产品或服务具有不同特性或功能，满足消费者不同的需要，他们之间的可替代性非常小，企业的竞争行为建立在边界清晰的特定产业范围之内。随着信息技术和体验经济的兴起，社会经济状况相似性、消费者的旅游偏好形成的跨产业需求、多种产品联合使用的互补性、政府放松经济性规制等因素，推动旅游业与其他产业由分立走向融合。同时产业的单元化和模块化方便了旅游单元嵌入其他产业体系，赋予其旅游功能，使原先传统的边界模糊起来，彼此共生共赢。从价值角度来看，旅游业是以旅游需求为驱动力的产业，产业价值网是围绕旅游需求构建的。由于旅游需求的动态性和多元性，使旅游业与其他产业不断在功能和形态上进行融合，不断对自身和其他产业进行解构、重组。有的是将属于不同产业的价值链活动环节全部或部分无摩擦的相互渗透，形成新的产业；有的是通过各自产业价值链活动环节的延伸，打破原有产业间的业务和运作边界，赋予原有的产业以新的附加功能；有的是使各价值链活动环节形成一种混沌状态的价值网，然后将核心增值环节突出出来，构筑新型的融合产业（李美云，2008）。最终形成了广泛的、开放性的价值体系。

与旅游业融合的产业有的来自服务业，有的来自非服务业（如表3-2）。前者属于第三产业的内部融合，这个过程是出现兼具多个服务行业特征的新型服务业业态的过程。这种融合表现在相互渗透和交叉，从而使得融合后的产业兼具各方特征，与原有的旅游业形成了既替代又互补的关系，其中最典型的是信息服务商、旅行社、航空公司、银行业等融合而成的在线旅行社，兼有各方的业务特征，又为客户带来了新的价值，对实体旅行社业务进行了补充和升级。第二情况属于服务业的产业外融合，在服务业与非服务业之间发生。旅游业与工业或农业的边界模糊化，出现兼具农业或工业的新型旅游业态，使原本各自独立的旅游服务产品和农产品或工业产品，通过共同的标准束或集合后渗透结为一体。观光型农业由于旅游的渗透改变了农业最初生产模式，具备了知识性、观赏性和参与性（李美云，2007），生产目的、产品价值、顾客定位都发生了根本性变化，因此，尽管与农业有关，却不能用农业生产观念发展观光农业，观光农业中服务的增值功能慢慢占据主要地位。同样，工业旅游的产生使制造业企业进行着相应的调整，增加参观和学习的场所，改进企业的一些工艺流程，增加可观性，纯粹的生产场所被转化成了体验的舞台，在无形中与消费者进行了沟通，使旅游具备了营销功能。

表 3-2　旅游业融合与业态分类

旅游业融合情况	表现业态
与其他服务业的融合	教育旅游、体育旅游、医疗旅游、奖励旅游、会展旅游、修学游、房地产旅游、公务旅游、节事旅游、文化创意游等
与第一、第二产业融合	工业旅游、观光农业旅游等

资料来源：作者整理

（三）旅游新业态的创新性

产业融合是产业演化的高级表现形式，孕育着新产业的诞生，因此旅游产业融合的本质特征是创新。熊彼特认为，创新就是建立一种新的生产函数，也就是说把一种从来没有过的关于生产要素和生产条件的"新组合"引入生产体系，经过创造性的破坏过程创造新的结构的产业突变。熊彼特把创新活动归为五种形式：生产一种新产品；采用新生产方法、新工艺或新技术；开拓新市场；获得新供给来源。在融合过程中，旅游动机、旅游吸引物、旅游市场和旅游企业组织结构都不断地创新。旅游不再仅仅是为了求知、休闲、健康、审美、娱乐，还为达到更多元的目的：咨询、人力培训、美容（不同于健康）、辅助销售（房地产旅游）、传播理念等；旅游的吸引物也不再局限于风景区和人造景观，而是多产业模块、多产业价值的有机集成。从市场开发角度来看，会展参与者、企业需要培训的员工、力图改变容貌的爱美之人、晚年享乐的老年人、寻找廉价优质医疗服务的患者……都在进入旅游企业的视野，成为最具增长潜力的新市场。参与融合的企业，基于技术创新的基础，在业务和流程方面相互融合，实现一种新的组织格局，这又是另一层面的创新。在知识层面上来看旅游产业融合，是旅游业知识与其他产业知识融合的过程，知识在流动的过程中，诱发了知识创新或模仿创新，带来了旅游产业边界的不断延伸，驱动原有旅游产业价值链重构。

当然，按照传统对创新的分类，旅游产业融合也具备多个创新特征：

1. 多主体参与的创新

旅游产品是一种"体验商品"，类似于定制化产品，旅游质量由顾客评价形成记忆，比一般的产品和服务有更高的情感要求，受更多因素的影响，同时旅游活动根植于空间移动，每个阶段有周围的吸引物、住宿、娱乐等地点构成，消费包括吃、住、行、游、娱、购多个环节，涉及到多个主体，因此旅游产业融合既要关注细节也要把握组织内流程和生产方式及组织之间合作方式的改进；其次，旅游业是代表性的服务业，具备了服务创新的一切特质，即它是一种概念性和过程性的活动，创新成果表现为无形的概念、过程和标准；最后，旅游业与其他行业一样受产业环境影响，如产业更替为旅游创造新的生存空间，信息技术的渗透重塑其运营模式。旅游业创新过程的复杂还体现在其实施的灵活性上。旅游企业可以根据需要，跳过某些阶段和步骤，有时则可以几个阶段和步骤同时进行，确保创新顺利、高效地进行。这种多样性和复合性的表现实质融合了技术、服务、组织内、跨组织、系统性等多方面的创新行为，涉及到个人、企业、网络等多主体。

2. 既有技术创新也有服务创新

技术创新是由技术引发的相关创新，技术维度占据主要的地位，经历从新技术的探索到商业化的一个过程，主要表现为一种有形的活动，产生有形的产品，摸得着、看得见，其新颖度的范围较为狭窄，变化是一种显著的、有形的、可复制的变化。技术创新以技术要素为中心，因此以供应方为导向，虽然存在一定的顾客参与，但技术推动起决定作用。而服务创新是多种诱发因素产生的创新，不仅包括产品创新还涉及到传递、形式化、社会化等一系列的创新方式，它是一种概念性的、过程性的、标准化的，涵盖的范围相当广泛，包括如计算机驱动的创新为代表的重大创新，也包括新增菜单、经营风格等细微的改进和形式变化。

服务与技术一体化适用于研究旅游创新，只是在具体问题的研究视角选取上偏重技术或服务范式而已，如目前的一些研究结论如旅游企业明显缺乏企业家精神。大型企业和连锁企业是旅游业中主要的创新者，企业创新的扩散过程受到规模、星级、连锁、管理状况、旅行商分销及差异化战略等内生因素的影响，旅游企业的研发水平低于一般服务业企业等，是以技术创新研究模式得出的。当然服务创新范式的研究也取得一定进展：Hjalarg 指出在旅游的产品、流程和管理创新中，行为因素至关重要，谢彦君认为旅游的体验内核寻求旅游目的物的真实和游客自我的真实，复杂而多变，需要不断的服务创新；在旅游创新过程中员工发挥着重要作用，被视作"内部创新企业家"；酒店员工服务创新行为量表也被开发出来发现酒店、餐厅和旅游企业还在强调质量提高而非创新，所研究的半数以上企业没有团队进行创新；Jeong 和 Oht 提出了新服务推出和旧服务项目改善的方法，强调外部顾客内部化的服务管理等等。

旅游产业融合是技术与服务创新复合产物，是服务业与制造业相互融合，服务业增强制造业，制造业服务化的背景下进行的，表现为技术与服务的融合体，遵循"逆向产品周期"的规律，即先后进入服务效率提高、服务质量改进，服务创新阶段。如旅游咨询业是近年来异军突起的旅游项目规划、策划和设计类的创意产业，融合了技术创新和服务创新，在高速电子网络技术支撑下，以智力来贯穿策划、规划、设计、投资、开发、运营和营销服务内容，避免了以往各功能由企业自身完成的不专业的效果。旅游电子商务、后厨流程信息化再造、全球客房预订系统，前台接待员，如果没有客史档案信息系统的支持，无法记住所有顾客的个性需求，当然不会提供令人满意的个性化服务创新，博物馆引导有人工替代查询系统和标识牌就是一个代表性的个人行为创新例子。旅游电子商务最初新技术提高了服务效率，从而提高了游客满意度，最终重塑了服务流程，引发了服务升级创新。

3. 既有产品创新也有过程创新

产品创新和过程创新在旅游业中的区别要比在制造业中困难得多。服务不是一个有形实物产品，而是一个标准、一种规程、一种过程。在本质意义上，服务"产品"就是服务"过程"。服务在大多数情况下不能被存储，它必须在生产的同时被消费掉，这意味着在服务中产品不能和过程完全分离，很难在没有改变过程的情况下改变产品。因此当创新发生时，很难在产品创新和过程创新间画一条明显的界限，两者经常是同一创新。例如商务旅游，涉及面广，技术含量高，专业知识密集，旅游企业要向商务目标客户提供系统的全方位服务，不仅传统的服务还包括增值服务，而且一系列业务都是通过网络安排筹划完成，最大限度满足企业和组织的个性化需求，这个项目包含了服务过程创新和产品内容创新。

（四）旅游新业态价值网络结构

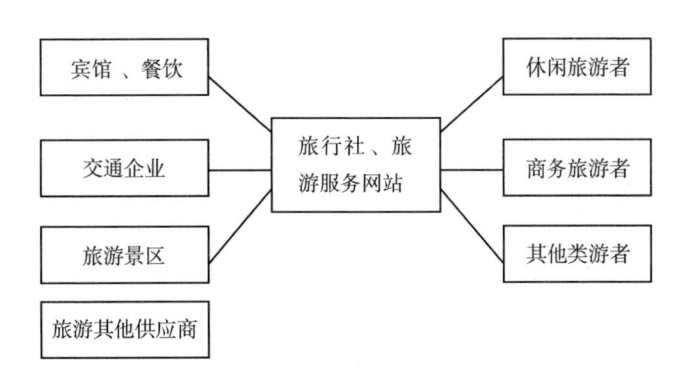

图3-2 旅游双边市场结构图

资料来源：作者整理

1. 双边型网络

旅游电子商务、旅游团购等旅游新业态的价值网络构成具有双边市场结构特征，双边市场也被称为双边网络（Two-sided Networks），是有两个互相提供网络收益的独立用户群体的经济网络。双边市场是一个或几个允许最终用户交易的平台，通过适当的从各方收取费用使双边（或多边）保留在平台上。也就是说，平台吸引各方试图获得（或至少不失去）钱（Tirole，2003）。从传统的"厂商—消费者"模式转变成了两个或多个相互关联的"平台厂商—双（多）边用户"模式。近期的经济研究表明随着服务经济的快速发展，市场细分的加深，专门化的服务提供者越来越多，很多重要的产业在信息技术的支持下，将多个业务环节相连接，供应者协同生产，形成复杂的服务系统。一边聚集着大量的顾客，一边聚集着服务提供者，平台企业起到为服务者提供整合顾客资源，为顾客整合来自不同提供者的服务资源的作用。

旅游双边市场网络具有几个特点：

(1) 双边用户需求互补

双边终端用户对平台服务的需求存在有着显著的互补特征。携程旅行网作为平台企业，它一边是酒店、目的地景区、航空公司等旅游企业，一边是普通的游客。显然，游客可以通过携程旅行网这个平台，找到适合自己出行的酒店、目的地景区、航空公司等旅游企业，了解到相应的信息，并可以方便地下好订单。这个功能实现的前提是携程旅行网能够提供大量的关于酒店、目的地景区、航空公司的信息，以及打折房间、门票和机票，而如果没有这方面的服务和产品，游客对携程旅行网这个在线旅行社的需求就是零。另一方面，游客对平台厂商的需求越多，也就使得酒店，目的地景区及航空公司对平台厂商的需求也就越大。以携程旅行网为代表的在线旅行社市场中，平台厂商的需求来自于双边市场的联合需求，其中一边的需求发生变动，都会影响到另外一边的需求，具有很强的互补性。

(2) 交叉网络外部性

与一般的直接网络外部性和间接网络外部性不同，它强调市场中的利益溢出不仅和市场规模呈正比，不仅在一个用户向其他用户的溢出，更重要在于不同市场的终端客户之间的相互溢出。平台两侧中一方网络的壮大，都会影响另一边网络。游客的增加会提高另一边市场中上述各个旅游企业的利益，反之，旅游企业的增加，打折机票、客房和门票的增加也会提高游客的利益。与间接网络外部性不同的是，这必须通过携程旅行网这个平台企业得以实现。

(3) 倾斜定价

定价模式往往是不同的：在其中的一边市场上按成本和价格弹性定价，或者免费，甚至于补贴，而在另一边市场上则是收取较高的入网费或交易费。在传统旅游服务中，顾客受制于经历和经济条件，只能在有限的几家旅行社提供的有限产品中进行选择，旅行社很难对产品进行个性化定制来满足顾客个性化需求。携程旅行网、易龙网等旅行产品服务平台的出现解决了缺少第三方监控与仲裁的问题，将大量服务聚集在一起，并将它们所提供的服务资源加以整合，推出灵活的服务产品，并保证质量。从顾客的角度来看，双边服务网络具有满足个性化和客户化需求的特点。顾客从平台企业接受了不同的服务内容和服务方式；对服务提供者而言，服务平台为他们提供便捷和个性化的服务，网站门户界面易加入，同时提供协同服务，使每个供应商都感到整个服务系统为自己服务。这种价值升级的服务创新大大提升了包括使用价值、享用价值和规模价值等在内的新增客户价值，帮助客户享用新的业务并愿意为之支付更多的费用，细化客户分类等客服项目。顾客可以免费地在携程旅行网上预订到比其他市场途经更优惠的打折机票和打折房间，获取目的地景区信息（相当于是补贴）；而在另一边市场，携程对酒店、目的地景区和航空公司收取较高的佣金。另一方面，旅游企业的增加，更多的目的地信息，更加便宜的打折机票将会提高旅客的利益，因此旅客使用这个平台的人数可能会不减反增，这样就提高了平台的交易量。

2. 基于业务联系的网络

Tremblay 在《旅游经济组织》一文中提出了三种类型的旅游网络同样适用对新业态价值网络结构的分析。这三种类型的旅游网络分别是：特定功能的合作网络、为特定旅游者服务的合作网络和旅游目的地的合作网络。

第一类，特定功能合作网络是指拥有相似技术能力，但服务于不同市场并在不同目的地运作的公司之间进行水平扩张。例如航空业和国际饭店业为了共享市场知识或产品标准化，越来越多的饭店联合体成立起来。

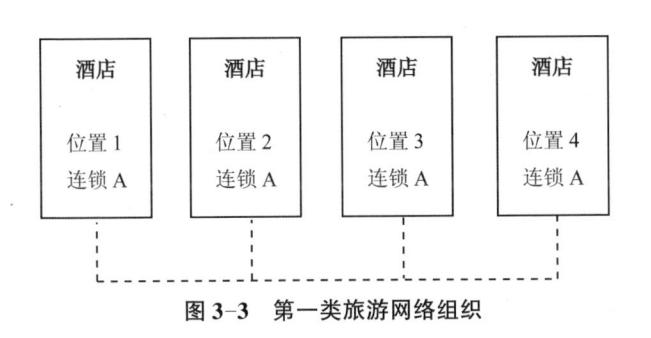

图 3-3　第一类旅游网络组织

第二类网络中，集团公司共享与特定客户群相联系的市场知识，这些关系通过把不同能力连接进一个一致性产品来产生经济租，确保在一个给定市场上差异化企业间的跨功能协调。

目前刚刚出现的旅游产业园就是多产业要素融合，跨功能组合的价值网络。旅游产业园既是旅游目的地，也是旅游装备制造的研发、销售、交易基地，成为旅游业的"华尔街"，在旅游交易方面，探索打造专业领域的交易市场，如每年举办户外用品、酒店用品、大型装备、游乐设施（索道、汽车）交易等。以创新旅游产品、旅游方式和装备的科技设计带动产业园的发展。产业园初步构想是以建立现代旅游服务业的规范区为目标，然后以产业融合为特征，以旅游业作为主导产业，以服务业作为主体，建成一个宜旅、宜居、宜业的新型旅游产业园区。在这个园区中，各种产业特征的企业形成了以满足客户需求垂直合作的网络。

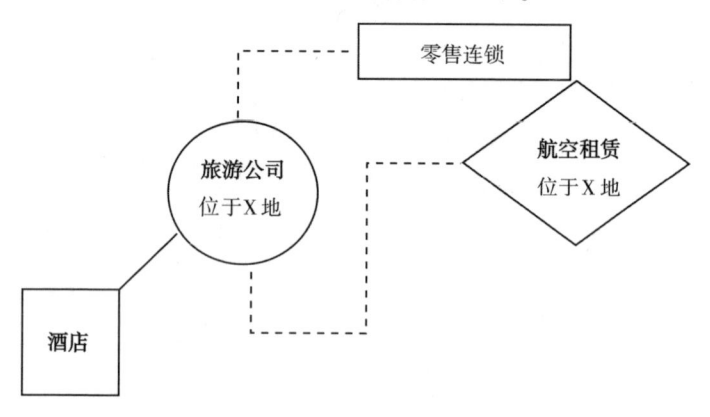

位于 X 地的垂直联盟

图 3-4　第二类旅游网络组织

第三类网络通过将社区内分散的能力聚合后，对平衡各方相关者的利益和提升目的地竞争力起到重要作用。当然，任何一个企业都可能同时身处于多个价值网络之中，从长远看，在产品创新和组织创新中取得经济租将决定企业的战略安排。以节事旅游、工业旅游为例，作为旅游吸引物的节事会议和参观的工业企业不仅处在旅游业的价值网中，同时也是其他产业价值环节，这种双重性发挥了网络的溢出效应，使企业的价值潜力得到了最大的挖掘和发挥。

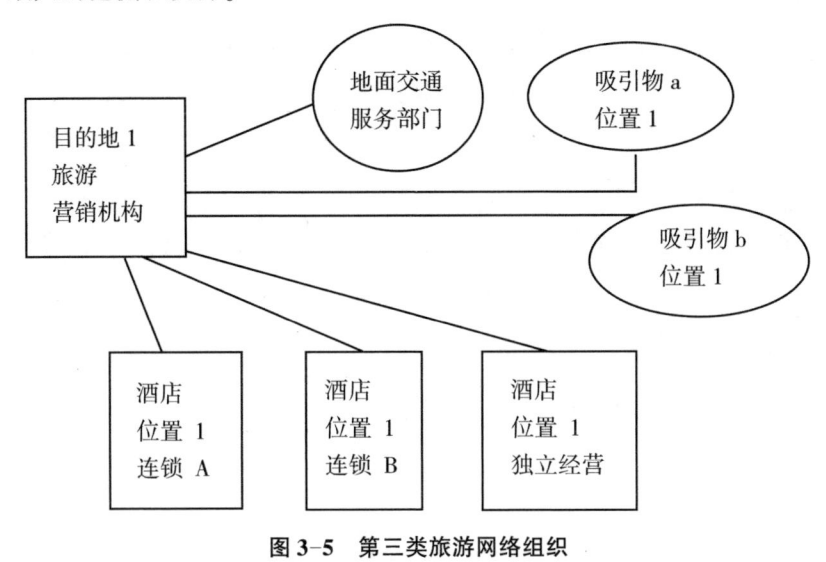

```
                ┌──────────┐    ┌──────────┐
                │地面交通  │    │吸引物 a  │
                │服务部门  │    │位置 1    │
                └──────────┘    └──────────┘
┌────────┐
│目的地 1│
│旅游    │            ┌──────────┐
│营销    │            │吸引物 b  │
│机构    │            │位置 1    │
└────────┘            └──────────┘

   ┌──────┐  ┌──────┐  ┌──────┐
   │酒店  │  │酒店  │  │酒店  │
   │位置 1│  │位置 1│  │位置 1│
   │连锁 A│  │连锁 B│  │独立经营│
   └──────┘  └──────┘  └──────┘
```

图 3-5　第三类旅游网络组织

资料来源：Pascal Tremblay，1998，The economic organization of tourism，Annals of tourism research，Vol. 25，No. 4 pp. 837-859

3. 基于旅游吸引物的网络结构

由于旅游业的快速发展，员工流失、利润上升和质量更新的新情况需要更多的创新。在先期的研究中得到的结论是旅游业的小企业和部门缺乏创新，导致 Danish 地区的旅游业创新研究不足，此外旅游业的管理者缺乏专业管理能力也是阻碍旅游创新的因素。似乎旅游业陷入了发展的泥沼，无法寻到创新之路。Sundbo（2007）基于八个案例的深度研究，提出了"基于吸引物的创新模型"。认为旅游开发和运营过程中有多种角色的主体介入，它们会为塑造和增强旅游吸引力贡献创新智慧。吸引物指节事、活动、组织或是所有能吸引人们的因素，它们不一定在传统旅游活动中得到发现，也不一定在建设之初就与旅游有联系，而经过开发、经营者的活动创造吸引力，使其具有了旅游价值，成为我们所说的景点（Scene），本质上说景点的塑造是将吸引物嵌入到所营造的背景中去，重构或整体化游客的体验。接下来景点的建立由景点开发者（Scene-maker）完成，他们不一定来自旅游业，可以是个人、私人组织或公共机构，在概念化和创造景点中，他们是创新者。有了景点并不意味着具备了旅游发展和访问增长的充足条件，需要景点经营者发展和维护，而且需要联合当地企业、机构和个人，如文化机构、城市体育维护部门和交通企业，构建围绕景点的合作网络，积极开发所有潜在价值，进行渐进性的、积累性的创新，赋予景点新的活力和市场空间。这个过程中景点经营者作用是最关键的，肩负引领并多样化合作网络、推广创新的任务，因此其必须具有专业素养，善于建立合作关系。对旅游管理者来说要积极促成旅游创新系统的形成，或积极引导各种组织担当景点经营者的重任。

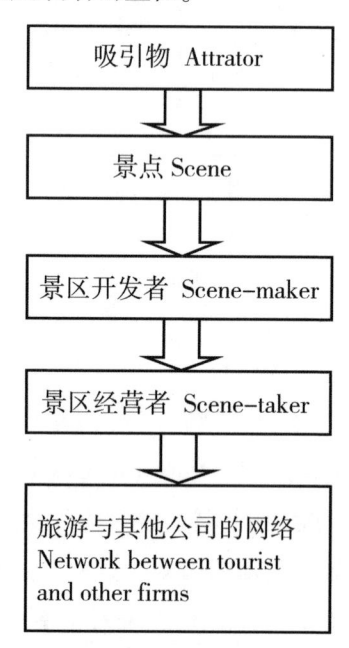

```
吸引物 Attrator
    ↓
景点 Scene
    ↓
景区开发者 Scene-maker
    ↓
景区经营者 Scene-taker
    ↓
旅游与其他公司的网络
Network between tourist
and other firms
```

图 3-6　基于旅游吸引物的旅游产业网络模型

资料来源：Fussing-JensenC, Mattsson, J. and Sundbo, J An attractor-Based Innovation System in Tourism：The Crucial Function of the Scene-take

（五）旅游新业态的效应

1. 旅游业发展模式的转型

我国旅游发展进入到大众旅游阶段，但很多旅游景区和旅游目的地由于漠视旅游的社会、经济和环境的负效应，导致旅游价值下降，行业发展倍显疲态。其症结主要是对自然、环境因素过于依赖，产业发展推动力主要来源于大规模的物质要素投入，粗放而不经济。而且全球气候变暖导致的气候异常，极端天气出现，将旅游业推向"资源枯竭"的境地。

另一方面，旅游产业建立了以旅游目的地为特征，以入境旅游为主体，以主要景区为依托，以旅行社团队路线产品为运行方式，以获取外汇为目的产业体系。这个体系支撑了我国旅游发展20年，但也暴露出很多问题，由于以入境旅游为主体，使我国的旅游成为主要发达国家的旅游经济投资飞地，客源地的旅游企业集团通过投资、管理和经营的不同形式进入我国，形成了国内竞争国际化、国际竞争国内化的市场格局，这种格局的形成，不利于我国脆弱的、靠市场自然发育的旅游企业成长。以观光产品为主体的团队旅游产品延续了世界在20世纪60年代时旅游产品的开发模式，使得我国旅游产品开发带有历史的继承性、更新的滞后性以及体系的残缺性。专题性、主题性、特种旅游产品开发以及度假旅游产品的开发相当滞后，已远远不能满足日益竞争的国际旅游市场的需要；以旅行社为中心的中国旅游运行方式，形成了"点线旅游"经济体系，"点线旅游"经济体系的形成，进一步弱化了为散客旅游服务的"板块旅游"经济体系，使我国旅游市场出现了许多问题；以主要旅游景区为旅游产业发育的依托，为快速推进我国旅游产业的发育起了重要作用，造成城市旅游供给体系的弱化，"门票"旅游经济的概念突出；以获取旅游收入为出发点来经营我国的旅游产业，使旅游产业投资行为进一步弱化，使我国旅游产业扩张受到阻碍，不利于我国旅游产业在国际上形成强有力的竞争力。同时我们也看到以产业融合为代表的外部环境正悄悄地改变着传统旅游业，在一定程度上对产业痼疾产生了疗效。

与其他产业融合后，为旅游业注入更多跨行业的高级要素，繁衍出了业务和增值空间，获得了更多的外部资源，在全球范围内融入到更多相关产业价值的分配体系中，突破行业业务范围狭窄、收益低的尴尬境遇。以非物质资本、生态资本、网络资本带动旅游业向集约型方向发展。旅游业的发展模式是不断提升演化的，也就是说旅游业的驱动要素是从低级向高级过渡的，即从先赋资源到各行业整合成的资源。

2. 产业竞争格局的调整

产业融合以后，市场结构会发生更复杂的变化，竞争合作关系需要进行不断的调整。"跨界"发展使企业进入到更广阔多样的竞争空间，同时树立了来自不同产业的竞争敌手。比如，在融合后的金融服务市场上，金融企业不但面临原有金融企业的竞争，还要面对保险业跨业经营的竞争，还可能受到来自传统制造业企业的挑战。现代物流业的融合把运输、邮政、快递、仓储、通信并入一个轨道，结果是重组并购不断上演。至于旅游业，携程旅行网这个融合产物正威胁已经运转多年的酒店预订系统和传统旅行社、跨国教育机构和医疗机构也在与旅行社争抢修学游和医疗旅游的新兴市场……产业融合在带来市场范围空前扩大的同时，也使旅游企业面临的竞争空前激烈。

一些新锐的旅游企业，其价值创造的基本逻辑在产业融合中呈现出新的变化，它们试图构建整个价值创造系统。在模块化、链条式、集聚式的运作模式之外，很可能使产业组织进入一种结构更为复杂，包含多个产业的价值星系模式，把市场从一个价值交换场所蜕变成价值星系中各交互往来的对话论坛，开拓出企业源源不断的创造性与活力。在体验诉求下，让生产商、供应商、合伙人、顾客组成的联盟共同合作创造价值，提供趋于完美的体验过程。

3. 企业组织结构的多样化

旅游产业与其他产业融合不仅导致了企业组织之间竞争关系，而且引发了企业组织内部结构的创新。旅游企业组织结构开始由纵向一体化逐渐向横向一体化，混合一体化、虚拟一体化转变。企业为了达到快速响应，往往通过横向联合把握稍纵即逝的市场时机，抓住最核心的东西进行更大范围的业务整合，从而有利于企业整体利益的实现和竞争优势的形成。企业的结构更趋于柔性化和扁平化，具有以最短时间进入相关或非相关的业务市场，进行横跨行业专业经营能力。就奖励旅游而言，旅游企业的产品设计过程实质已经融入到了客户方人力资源管理的范畴，要跨越市场的最基本接触，进行深入的沟通，联盟式的合作，才能开发出具有激励效果的旅游方案。

一般在融合地带会产生具备平台性、组织信息交换的垄断性企业。平台的客户分成两类或更多类型，他们居于不同的产业。平台向不同类型的客户提供不同的服务，各方客户在其构造的平台上获益，平台与每类客户之间的供求关系构成并不独立的市场，成为平台的一条边，平台对各类客户的服务主要在于帮助他们完成交易或交换行为，或者提高这些行为的效率，这类市场结构称为双边或多边市场。许多产业都具有明显的双边市场特征：电子支付、网上购物、还有传统的中介产业。旅游企业中的在线旅行社和实体旅行社都具备双边市场的特征，在信息化和网络化的推动下，旅行社业成为旅游业中的平台，一边是旅游者而另一边是旅游过程涉及的所有提供各种服务的企业。其成功的运作模式应该是，吸引更多的双边市场顾客进入并使用它的平台，而不是在每个单边市场上都各自追逐自己的利润最大化。定价时要充分考虑到平台对双边用户的不同价值，以及双边用户之间的交叉外部性效应的差异。这些方面都跳出了传统的产业理论的解释范畴，为我们提供了一个重新认识旅游业性质的契机。

4. 旅游教育的多元化

随着人类社会从工业经济转向知识经济，旅游业发生一系列深刻而富有深远意义的巨大变化。知识经济提高了旅游的需求的广度和深度，同时也提高旅游供给的质量，知识作为主要的生产要素推动着旅游发展。在与其他产业融合当中，知识成为媒介，知识成为创新的源泉，旅游产品具有了高人力资本、高附加值的特征，这大大突破了原来对旅游业的简单性、低端性的认识。旅游业已经跨入了现代服务业行列，旅游业正追逐着那些有跨行业思维的创新型人才，他们将给旅游业注入更多的创意，更密集的信息量，引领行业发展。

对旅游教育界来说，一直存在着"旅游人力资源高要求，高素质人员低进入"的就业悖论。其中一个原因就是，设想培养对象的就业范围限在传统资源型的风景区和接待业，以产业融合的范式去理解旅游业的发展空间，我们不难看出，无论是大公司还是在特殊领域生存的小企业都强烈需要创造性的人才（周振华，2003）。因此，要以大旅游的思维，不囿于已有的学科体系，跟随产业动态进行旅游教育体系的调整，既提供行业基础服务的技能型人才，也要培养创造型人才。

总之，产业融合在各个层面改变着旅游的发展方式，提供了一个跳出原有产业认识体系，以新视角观察产业演进的契机，使旅游业的产业研究方法与主流产业理论拉近了距离，构造了与其对话的平台，具有一定的现实意义。

三、案例分析：旅游业与创意产业融合的新业态

（一）旅游业和创意产业的内涵

1. 创意产业的内涵

有创意产业之父之称的英国经济学家，约翰霍金斯在其《创意经济：人们如何从思想中创造金钱》一书中将创意产业界定为其产品都在知识法的保护范围内的经济部门，认为版权、专利、商标和设计产业四个部门共同构建了创意产业和创意经济。1998年英国首相布莱尔把文字创作、视觉艺术、舞台美术、音乐、摄录、时装、广告、建筑、美术、手工艺、音乐、出版、软件、电视、广播等列为创意产业。厉无畏认为，从广义上讲，凡是由创意推动的产业均属于创意产业，把创意作为核心增长要素的产业或缺少创意就无法生存的产业称为创意产业。创意产业超越了文化产业，更强调它的创造力和创新性，始终处于文化产业的上游，处于价值链的高端地位。学者胡慧林认为创意产业特别强调源自个人创意、技巧和才华具有关于原始创作对发展文化产业的重要价值关怀。由于"创意产业"所涉及的领域与范围在意义上已经逸出了"文化产业"机器复制这一典型特征要求，放大了对原始创作的理解，因此，可以说这是一个与文化产业相平行的概念。

2. 旅游业的内涵

笼统地说，可以将所有为人们进行旅游活动提供产品和服务的企业都纳入到旅游业的范畴当中。有众多行业和部门复合而成。旅游需求的多重

性决定了旅游产品的组合性,而旅游产品的组合性又决定了旅游产业的外延性,引致旅游产业界限模糊。史密斯曾经将旅游业划分为两个层次:第一层次旅游业是指这样一些企业的总和,如果不存在旅游,这些企业就不会存在;第二层次旅游业则指这样一些企业和总和,如果不存在旅游,这些企业就会显著衰退。世界旅游组织等建议的《旅游卫星账户:推荐方法框架》各种产业按照与旅游活动的关联程度,被划分为旅游特征产业、旅游相关产业和其他产业。特征产业指旅行社业、宾馆业、景区,相关产业指交通、通讯、游览、娱乐、饮食、住宿、购物等十二项产业。总之,旅游业是由需求驱动的一个泛产业。

可以看出旅游业与创意产业都是在新时期由于在需求的碎片化、多样化而又主题化的背景下,对创造价值群体的一个重新圈定。从规范的产业界定角度来看,它们都不符合标准,但却是实实在在地在社会生活中发挥着重要作用。因此对这两个产业的分析和考量要走多学科融合的道路。

(二) 融合的产业特征比较

1. 产业内价值流动方向不同

旅游业是一个综合型产业,与传统从生产角度出发,将生产相同产品或者提供相同服务的视作一个产业的传统认识不同,旅游业则是从需求角度定义,基于旅游消费相关的企业集合,产业的边界随着旅游需求的发展而动态调整,也随着旅游资源的多元化而不断的扩展。旅游的特征产业(吃、住、行、游、娱、购)存在于传统的产业当中,由旅游引致所占的比例各有不同,导致相应的产业旅游特征度不同。可以说旅游业是对其他产业的一种解构,它将各个分立产业的部分终端成果收敛于游客的需求实现,价值通过相关产业汇集到旅行社业终端。

对于创意产业来说,在社会文化活动中,创意是与生俱来的,在社会分工不断深化和技术不断进步的大背景之下,创意逐渐从原有的经济活动中分离出来,独立为产业,其标志或分水岭是创意活动不仅仅是某个产业或行业内部的从属活动,而是脱离了原有的行业,成为为不同行业提供创意服务的第三方。

同样是横向剥离出的产业，旅游具有集成的趋势，创意具有渗透性的作用，旅游产业的价值主要来自于各产业的贡献，而创意产业把本产业的价值嵌入到其他产业，成为其他产业增值的重要一环。因此，从价值流动的角度看，旅游业是接收、汇集的，而创意产业是付出、嵌入的。

2. 对相关产业的影响方式不同

旅游业的关联度比较大，牵一发而动全身，旅游乘数效应显示，在就业、创汇等方面，旅游业作为一个终端，向上游各产业传递，创造引致需求，形成"一业兴，百业旺"的局面。据统计在配套设施及相关产业成熟的地区，旅游业的乘数效应可以达到1：9。这才有各个国家都非常热衷于旅游市场开发和推介的理由。

创意产业对相关产业的影响是以另一种方式表达的，即创意产业辐射性。在知识经济社会、产品竞争的实质是通过产品所倡导或体现的文化来影响公众的意识形态、价值观念、生活习惯等，从而使公众来接受某种产品。市场竞争关键是文化的竞争，创意产业的辐射力可以推动产品热销，为产品不断拓展市场开路。人们对文化内涵的追求趋于强烈、文化的传播和影响就会有力推动富含文化内容的产品在市场上的扩张，这就是创意产业辐射力的重要体现。

旅游业与创意产业与相关产业的关系，虽然本质上都是投入与产出效应，发力点却不同，旅游的产生的是引致效应，而创意产业产生的是投入效应。

3. 具备知识产业属性

知识产业的核心驱动要素来自于非物质领域，不再靠消耗土地、矿产、气候等不可再生资源来达到增长。旅游产业是以旅游资源为推动力的，旅游资源是一种永久和无限的知识资源，在具有永久价值的自然旅游资源和历史旅游资源得到开发之后，需要不断以知识和科技的迅速发展为依托，跳出历史和自然限制，以人的智慧达到无限开发的新境界。知识是作为主要的要素推动着旅游生产力的发展。另外，旅游产品知识性本质也显示旅游产业是知识性产业。尽管旅游产业种类丰富，形态各异，所满足的旅游需求也各不相同，但就其深层次属性来说具有强烈的文化性，满足一种高层次的增长知识需求。

经济社会已进入到知识经济发展阶段的今天，知识产业成为了经济的主产业，知识创新能力成为经济发展的主动力，而文化创意产业作为知识经济的核心，是提升产业附加值和竞争力的引擎。创意产业是以知识为基础的现代服务业，脱胎于文化产业，又是对文化产业的超越，因为它更强调创造力和创新性，重视文化创意对其他产业的融合渗透。可以看出创意产业是知识产业的一种具体形式，也是将知识策动作用发挥到极致的产业。创意产业是知识经济的诠释和载体，显示了文化在经济中的地位日益增强，代表着新一轮增长的推动要素。创意产业与整个社会生活融为一体，在这个融合过程中，"创意阶层"作用突出。传统文化产业的核心因素是资本，创意产业的核心因素是人。

4. 具有集聚倾向

产业集聚指一组在地理上靠近的、相互联系的公司和关联的机构，他们同处或相关于一个特定的产业领域，由于具有共性和互补性而联系在一起，不仅空间聚集而且内部之间的物质和非物质联系非常紧密。产业集群的崛起是产业发展适应经济全球化和竞争日益激烈的新趋势，是创造竞争优势而形成的一种产业空间组织形式，而它具有的群体竞争优势和集聚发展的规模效益是其他产业组织形式难以相比的。

旅游目的地集聚现象越来越明显，由目的地产品及事件，目的地旅游设施、旅游基础设施与服务设施，目的地人力资源系统、产品与服务创新系统、财政系统等三个层次构成产业集群。在形成过程中，集群内部由于支持性产业和配套性设施、自然与社会文化环境要素和旅游企业网络内部的知识溢出，提高了集群内企业的外部经济和产业经济的相对效益。而且随着网络、社会资本、知识要素的不断创新，生态性演进逐步显现。著名的昆士兰北部热带地区，旧金山那巴谷葡萄酒产地和阿尔卑斯山冰雪游乐区都是典型的旅游集聚区。

创意产业集群化趋势也日渐突出。目前，我国北京、上海、广州等大城市出现了依托大学，或是改造旧厂房或以专门的园区形式的集聚。这使得产业业态集群内众多的企业分享诸多产业要素，集群内的竞合关系带来的压力成为持续创新的动力，信息和人员交流相对迅速，低成本造就了整体竞争力的提高。形成集群规模后对同类企业具有强大的吸引力，一定程度形成马太效应，而且带动了周边地区的发展，显示了辐射功能。同济大学周边设计集群、M50原创艺术集聚区还有上海张江园区都是具有代表性的集聚区域。

5. 增强城市竞争力

目前国家之间的竞争已经演化成了不同国家的城市间竞争，创意产业和旅游产业都需要城市的各个元素滋养。创意的源泉、旅游的吸引力都源于城市的不断演化，反之，两产业又是城市竞争力的重要构成部分，彼此相依相生。

创新能力是城市的核心竞争力。纵观全球，有影响力的世界级城市无一不是创意产业最集中、发达的地区，都以独具特色的创意产业闻名世界。创意产业的快速发展提升了城市的形象，改善了城市的运转机制，加强了城市的集聚和扩散功能。同时影响城市文化氛围和人们的精神面貌，提升城市文化品位。创意产业的发展还可以推动城市功能再造，为城市规划提供新思路，给人以国际大都市的繁华感、文化底蕴和时代生机感。旅游业的发达程度直接反映城市的资源配置和整合能力，同时旅游业的繁荣会推动城市经济、社会财富的创造能力，使城市经济保持持续增长。历史文化软要素作为旅游业的驱动力，通过旅游业的挖掘和强化，得到保护。其非移植性和不可模仿性构成城市的比较优势，树立了城市品牌，改善城市形象，并转化为城市竞争力。

（三）旅游产业与创意产业融合途径

创意产业强调原创性知识对其他产业的渗透和增值，旅游业是对各个旅游相关产业的解构后形成的体系。旅游业存在相当大的创意渗透空间，同时创意产业本体也可以纳入到旅游的综合体内，旅游可以创意化，创意可以旅游化，无论从价值体系和空间布局，旅游产业和创意产业都具备可融合性。融合不仅是单体结合而且还是两个关系群资本的叠加，在更大的程度发挥协同效应。旅游与创意产业融合实质上是创意对旅游的增值过程，创意对旅游吸引力增强的过程，也是旅游从单纯依赖自然和历史人文资源转型进入主动创造文化价值的过程。融合不一定会有新生体或是新的行政管辖对象的诞生，而更可能是理念的转变、流程的改造或是展现方式的翻新。出现前已经做出了许多探索，归纳起来有以下几个方面：

1. 创意丰富提升旅游吸引物

旅游吸引物系统是旅游系统的子系统，由激发游客产生出行欲望的事物组成，构成了旅游流的动力系统，在旅游学研究、旅游产业规划和开发中具有核心地位。没有旅游吸引物也就没有旅游发生的牵引力。我国学者吴必虎提出吸引物系统主要由自然遗产景观、文化遗产景观、主题公园和活动组织构成。无论是一种存在还是一个过程，终极价值是体验价值。而几乎所有创意产业的正是在体验经济下，大有可为的一个群体。目前，通过创意产业增强体验感来升级旅游吸引物创新进行的有声有色。

《印象刘三姐》大型天然情景剧，用蒙太奇式的表达方式，集中展现了"山水桂林，美甲天下"。杭州宋城千古情这些文化产品寓情于景，与自然景观浑然一体，极大地增强了旅游目的地的吸引力，使传统的自然风光焕发活力，延长了旅游目的地产品的生命周期。这种融合模式带来的启迪，不仅仅在于经济效益提高上，还在于对旅游的集约性发展、生态性发展的探索上。

旅游业与创意产业融合最密切的模式就是动漫产业、游戏产业与景区点携手。动漫企业和主题公园的现行企业通过各自产业价值链上的价值活动进行细分，以识别出自身价值活动的优劣势，然后借助技术手段和创新，突破原有的产业边界，渗透或延伸至彼此的传统产业活动领域，再结合其内部价值活动对两大产业价值活动进行优化重组、整合及创新，最终优化整合而呈涵盖两大产业核心价值活动的新价值链，实现两产业的融合发展。动漫主题公园化的代表是迪士尼乐园，还有景点的动漫化。

创意产业节事活动拓展了旅游的吸引元素。创意产业的市场交易具有主题的无形性、品牌的增值性、价格的不确定性及信息不对称性，在这种情况下使得创意产业对中介和平台型的组织都十分依赖，尤其是后者明显降低交易成本。所以诸如电影节、动画节、艺术节、动漫节、画展等的创意产业的节事非常频繁，目的是依托这一平台，在更大范围竞价，使创意产品实现更高的观念价值。从而丰富了城市的节事旅游。

2. 运营模式融合

旅游传统营运模式以旅行社为中心，将旅游线路，逐级经过国际批发商、国内批发商、国内零售商销售给游客，因此旅行社成为了信息的结点，干预着旅游目的地和游客的沟通与选择。在创意产业中科技含量高的数字媒体和游戏软件产业正改变着旅游的运营模式。网络和数字技术的进步为旅游电子商务发展提供了平台，为旅游推介和预定业务拓展了新的交易市场，并为个性化、互动性的虚拟旅游构建了巨大的发展空间（冯学钢，2006）。由此构建起产业内网络关系和产业外网络关系（消费者网络），作为新的推动要素——社会资本会成为旅游业发展的新策源地。在设计产品、定价、促销各个运营环节都要进行重新考量，用新的模式寻找利润空间。

3. 创意产业的景区化

创意产业是以内容为王的产业，个体原创、技巧及才干，都是智慧的结晶，而对于受众来说，创意人员的个人气质，创作过程和环境都有着神秘色彩，因此他们的活动场所就成为一个体验平台和学习平台，具有了旅游吸引力，园区的访客所来目的也多元化了，不仅有专业品鉴者，还有满足好奇心的游客，也就是说创意集聚地景点化了，这应该是创意产业与旅游业融合的最直观、最基本的形式，丰富了吸引物系统的外延。位于英国、德国、法国的视觉原创中心云集了一大批国际高端艺术创作和展览机构，已经成为都市游的代表性景点，以上海的 M50 为例，这里每年接待数十万访客，参观游览的普通市民比重越来越大，园区开发机构意识到了这种受众群的变化，在配套措施和市场开发方面，做出积极地响应，设计了三条参观线路图，配备专职导游，与旅行社进行合作。

(四) 旅游与创意产业的融合的意义

我国旅游发展进入到大众旅游阶段，但很多旅游景区和旅游目的地由于旅游的社会、经济和环境的负效应,而倍显疲态。归其原因,是旅游消费中对自然、环境元素过于依赖,整个产业发展还是低级和粗放式的,产业发展推动力主要来源于大规模的物质要素的投入,而不是非物质要素。与创意产业融合,其实质就是为旅游业注入更多的文化含量,更多的增值环节,摆脱原来的发展模式。

从消费结构层面来看,当人们解决了基本的生存型消费,闲暇时间增多,便向享乐型和发展性消费过渡,文化消费品需求量增加、物质产品文化含量增多,对产品的观念价值的诉求提升。目前旅游业中吃、住、行、游、娱、购各相关产业中的文化含量不足,与创意产业融合后,经过其渗透及辐射,有助于推动消费方式的转变和消费结构的升级,并进一步促进产业结构的优化和升级。

从旅游资源层面来看,自然景观和遗产类的人文资源一直被看作是主要的旅游资源,某种程度上是旅游资源的代名词,长期以来此类景区超承载力运转,导致历史文化价值、旅游价值下降,其中一个原因就是旅游资源类型相对单一,使旅游流集中涌向有限的地方,造成可持续发展无以为继。创意产业与旧城区之间的有机互动,保留了城市人文遗存,避免城市文脉的中断,唤醒了人们的怀旧情结。原本破旧的工厂仓库、机器轰鸣的车间、再平常不过的街巷里弄蜕变成游客趋之若鹜的地方。没有大规模的开发性投入,没有刻意的经济性宣传,没有占用更多的土地和资源,仅仅依靠人才的创造力和集聚效应,在不经意间丰富了旅游资源,缓解了传统旅游地的压力。

从环境生态性看,在环境日益恶化的今天,创意产业对协调旅游发展和保护环境来说具有独一无二的优势,它的发展,不仅不掠夺越来越宝贵的和稀缺的自然资源,而且还能够保护现存的文化资源。与此同时,在文化的感召下,旅游理念的进步,使旅游者的行为得到修正,更多地关注旅游地的生态性保护和社会文化维护,注意自身旅游过程对当地的影响,在一定程度上减少负面效应。

(五) 上海市创意产业与旅游业融合研究

1. 上海创意产业的界定及发展现状

由于世界上各个国家或地区经济发展水平不同，工业化、城市化、现代化发展进程不同，人均收入和人力资源结构不同，因此创意产业的统计口径和分类标准都有所不同。上海人均 GDP 目前已超过 5 000 美元，虽已初步具备了创意产业快速发展的经济基础、产业条件和市场需求，但与欧美等发达国家人均 GDP3~4 万美元以上的水平相比还有较大差距，正处于工业化、城市化和现代化的快速发展期，因此对创意产业的分类统计既要参考先行国家又不能简单照搬国外模式，发展创意产业以产业为主体现城市功能转型为产业结构升级、为二三产业融合发展服务。主要依据以下三点：一是借鉴欧美、亚太等发达国家和地区的分类统计标准，结合中国国情和上海特点,；二是 2002 年国家统计局公布的《国民经济行业分类》标准；三是结合上海产业发展重点和趋势，关注上海重点鼓励发展的行业和领域。在以上依据支撑下根据其创意的相关程度，结合上海经济发展的现状及产业发展的实践，确定了上海市创意产业五大类重点行业：研发设计创意、建筑设计创意、文化艺术创意、时尚消费创意、咨询策划创意。

2. 上海旅游业发展的现状

上海自 1997 年将旅游业发展定位为都市型旅游后，经过十年的发展已经取得了令人瞩目的成绩，打下了坚实的发展基础，形成了基本格局和产业规模，建立了融都市风光、都市文化和都市商业为一体的特色旅游进入新世纪以来，上海又将目标定位为培育世界级旅游品牌、建设国际化一流旅游都市、发展都市型旅游支柱型旅游产业。虽然有了长足的发展但面临资源空间和时间有限、资源配置认识落后、旅游集聚程度不高等多种不足。因此如何突破目前的局限，拓展出新的发展路径成为一个亟待解决的课题。旅游业与创意产业的融合不失为一个可持续发展之路。

3. 上海创意产业与旅游产业融合的概况

上海是全国发展创意产业的先锋，更是发展创意旅游的先锋，"创意"如何从原来比较虚幻的意念或者单纯的视觉印象转化为人们的旅游体验，使创意改变人们的观念和行为方式,始终是两个产业融合目标。上海是全国最早把创意产业园区和旅游紧密联系起来的城市之一,"依托时尚产业、创意仓库、创意设计、历史建筑等资源,建设一批具有历史底蕴、知识密集、文化多元、充满活力、观赏性强的创意文化休闲区"已被写入上海市工业旅游规划中。

目前上海的创意旅游产品大致可分为三大类:成熟型创意旅游产品、新兴型创意旅游产品和节事型旅游产品。具体的发展方式和业态表现为以下几种:

(1) 以"创意"为核心,以项目为依托,以技术为手段,共创"新天地"。发挥创意粘性,发挥出参与各方的核心优势,相互配合,打造出演艺精品,其典型例子有"梦幻时空之旅",打造传统杂技剧目,经过媒体的报道和宣传,游客络绎不绝的观看,获得年 8 000 万的收入,开发的旅游衍生品如纪念品、玩具和服装也有每年 100 万的收入,成为国内外游客喜欢的旅游休闲娱乐节目。

(2) 以单元素融合,跨行业拓展,形成旅游发展的新业态。旅游业将创意点子融入其他行业,形成农业旅游、工业旅游、医疗保健旅游、养老旅游等等,上海的"丹青"人家,观赏农业上海菜园子,嘉定的汽车生产、博物馆、F1 赛事一条龙的工业旅游,极大地拓展了旅游业发展空间。新天地就是具有这样的特征的景区。它采取的是 shopping mall 的经营模式,一边是餐饮、服饰、文化等各色店铺和各具特色的酒吧,一边是普通的游客。与其他的双边市场相类似,新天地没有"门票",相反,它还不断增加新的免费服务设施,国际模特大赛、时装表演、日本鬼太鼓座表演、著名影星的电影新闻发布会等时尚文化活动,纷纷亮相上海新天地,不断地丰富普通游客的旅游体验。它的利润来源完全来自于另一边市场,即出租商铺,提供公共服务。游客和商铺的需求是互补的,也具有交叉网络外部性特征。

(3) 创意元素与大众的休闲娱乐结合,形成时尚旅游休闲街区。南京路"非"字形街区改造、外滩陈毅广场露天音乐会的创建、南京新世纪广场的周末音乐会的推行,既时尚休闲游体验海派文化,又具有极强的体验经济价值。

(4) 创意元素与艺术创作相结合，不断开发都市旅游新资源。这种类型的融合形式"以上海双年城市艺术展"最为典型，为配合世博会的宣传活动，其本身就是艺术节的一大盛事，也是旅游者的饕餮盛宴。开幕当天，参观者逾千人，借艺术东风，扩大城市的知名度和美誉度，吸引各阶层和年龄段的游客汇聚。

(5) 创意元素与城市建设和旧城改造相结合，打造综合休闲、娱乐汇聚地。这几年，上海各区县结合城市建设和旧城改造，创造了很多综合休闲、娱乐汇聚地，如大宁国际广场等，这些综合休闲、娱乐汇聚地或借助周边的商业环境或依托附近的游乐设施，将本地和国内外游客吸引来。

(6) 创意产业与房地产业融合，形成商务、旅游、休闲一条龙服务的度假胜地。松江县以佘山艾美酒店为核心，依托佘山风景区集聚而成的旅游度假和服务区。沪上以打造房地产文化著称的"海上海"，是集居住、休闲、餐饮和会务为一体的新型创意社区，这种社区式的创意嘉年华就是平民化的创意大集市，实际是旅游发展的一个极好的载体。

(7) 旅游业与影视、动漫产业融合，创造旅游体验新境界。韩国电视剧"大长今"拍摄基地、上海影视基地，蓬勃兴起的"cosplay 互动真人秀""动漫社区""卡通总动员""动漫嘉年华"逐渐成为特色专项旅游。

(8) 旅游业与教育活动融合，营造上海"东方绿洲"。旅游业余教育活动紧密结合创建的上海"东方绿洲"是一处集教育拓展训练休闲旅游和户外野营的好去处。它的出现让教育寓于游乐，使青少年旅游有了新意。

(9) 旅游业与创意产业园区直接融合，涌现出众多的创意产业园区旅游示范点。上海自出现创意产业园区后，就有不少人自发到创意产业园区内游览参观，形成了一批靠口碑传颂的自助型游客，其中卢湾区的"8号桥"就是全国第一个以创意产业为主体申报工业旅游示范点的。

(六) 博物馆旅游业态的创新性

传统旅游业由于对自然环境元素的过度依赖，已经处于瓶颈困境，据统计我国旅游业效率在全球47位，根本原因在于物质投入为主，非物质要素不足。只有与文化产业融合，注入更多的文化含量，更多的增值环节，才能摆脱旧有的模式。

业态是一个非学术用语，一般指销售和服务的形式，本质含义为商业模式。价值创造逻辑从链条向网络大踏步进化，围绕顾客需求市场自发搭建起快速反应的模式，旅游功能模块化，被嵌入其中，成为网络中一个增值点。当旅游和博物馆相遇，业的顺畅对接就孵化出了博物馆旅游这种新业态。

1. 理念创新

产业融合对理念的最大冲击是跨界，去中心化，摆脱行业，业务的惯性思维，跨领域碰撞激荡出新业态、新模式，围绕参观者更高的体验质量进行一系列的改革。体验是每个人以个性化的方式参与其中的事件，使人们达到情绪、体力、智力的某一特定水平，在意识中产生的美好感觉。博物馆不再是一个单纯静态的陈列场所，应该从体验的终端性、差异性、知识性、参与性和补偿性几个特质出发，策划相应的商品或服务，给浏览者感性的力量、愉悦的记忆。

我国官办博物馆多为事业单位，从性质上没有逐利冲动，自然缺少对市场的敏感性。随着融合的深入我们欣喜地发现这一状况正在改变：2018年北京电视台推出文创节目《上新了，故宫》，借鉴了互联网流量思维让年轻人跟随人气偶像走入节目，拉动关注度，拓展了受众的范围。2017年的文物戏精大会H5发布会，瞬间刷爆各大视频平台，播放量过亿，凡此案例越来越多。

文化自信让我们在这个可以纵横捭阖的年代，把融合出的文博产品推到"C"位。还有2018年的文创爆款"国家宝藏"，让原来冷冰冰的博物馆陈列器件，鲜活起来，有血有肉有故事。节目制作方采用了融合理念，把历史、人物和藏品贯穿起来，有机地进行整合，最终呈现给观众一份文化大餐。

中国消费升级已势不可当，旅游逐渐成为生活必需，博物馆明显感受到参观者中游客的比例越来越高。据统计，仅2016年一年，博物馆接待观众数量就达到8.5亿人次，增长8.9%，公众对博物馆的热情超乎想象。也有研究表明，半数美国人选择旅游目的地主要考虑文化历史因素，像博物馆这样的标志性文化场所，是必选之地。适应融合，扩大视野，顺势而为，主动与旅游市场对接，把自身看作是旅游过程的一个环节，提供自身在全过程中应有的价值。研究游客的需求和行为习惯，适时调整产品，才能更加契合游客的内在需求。

2. 服务创新

博物馆旅游本质上是一种服务产品，其创新的路径和特征与制造业有很大的不同。它往往表现为无形的概念、过程和标准的改进，对研发依赖并不严重，渐进式推进，通过实践经验积累和员工的行为的点滴改进来实现。现阶段技术创新和服务创新相互融合，博物馆作为一个纯粹追求体验的场所，天然地成为服务创新技术最为理想的应用场景。

目前全球各地的博物馆都在运用各种科技手段提高参观质量。风靡全球的错觉博物馆，将创意和技术完美结合，融入目的地文化元素，使游览者不断收获惊喜和知识启迪。国家博物馆的改革开放40周年展览应用了更多的虚拟现实技术，让游客的体验感满满。在竞争和变革的驱使下，旅行社开动脑筋，把点穿成线，把线铺成面，设计出不同主题、引人入胜的博物馆旅游路线，在寒暑假受到学生群体的热烈追捧。

博物馆旅游在这个大规模生产、分享和应用数据的时代，要率先与外界分享开发基础数据，使用大数据分析参观者的习惯，利用官方微博、网站分析浏览痕迹、驻区游客行为习惯进行挖掘分析，得到参观者的偏好和一些鲜为人知的相关联系，为参观产品的设计提供启发和事实依据。目前人工智能正当其时，博物馆里大量宝贵的资料通过智能化的开发，用更人性化的方式传递出来，以北京故宫博物院为例，每年研发9 170种文创产品，从中获得10亿元的销售收入，再反哺给基础研究单位，多方都乐见其成。

3. 组织创新

初步统计我国有4 000多家博物馆，整个行业具有相当规模，为行业组织结构的创新提供了纵深空间。融合需要同业单位间互通有无，也需要异业单位间优势互补，日后很可能需要平台型组织，调配资源，服务市场，为游客提供立体丰富的博物馆主题游。

融合也需要淡化边界主动向外对接，组织创新就势在必行。融合进程中动态性、不确定性是常态，组织设计要灵活和有更强的适应性，以往的科层结构要尽量扁平化、网络化，设立敞口外联的部门，时时接触感知外界的变革并整理导入组织内部。蛇口海上世界文化艺术中心从设计到运营糅合博物馆、剧场、商业企业各方元素，形成一个多物种的生态场所，成为多种专业组织协调运转的范例。

4. 人才结构创新

以上的所有创新归根结底要依赖人才。产业融合的发展趋势需要具有融合战略观、跨行业驾驭能力、多业务水平的人才队伍，当面对多样、不确定的需求时，可以进行跳跃性思考、整合跨领域信息，激发出创新点子。

博物馆拥有独特的专业型人才，不过单纯拥有历史、考古、文物研究等人文学科人才显然已经不能回应社会大众对体验的高要求，一定要打破陈陈相因的人才套路，大胆引进，灵活考核。保证传统博物馆人才专业精进的基础上，引入市场型人才，不仅能透彻洞察博物馆受众的内在变化，还有较广的跨界视域，融合创新，不断为博物馆注入新的生命力。

小　　结

旅游产业网络最突出的特征就是价值网络的构造和演变。价值网络可以解释多种旅游业的经济现象，如多样化的组织结构、各类的协调模式，还有旅游新业态的出现。在网络化的认识下，旅游业成为了一个系统，对其价值创造的认识随之丰满、全面，并与时俱进。不过价值创造并不是旅游业的全部，旅游业是一个对环境、社会、生态、文化高度依赖的产业，利益协调这个公共管理主题是旅游业永远回避不了的话题，在组织网络化背景下，与之相适应的治理方式是价值创造的有力保障，否则旅游经济目标将成为无本之源。

第四章

旅游产业网络治理机制

处在产业网络中的主体不仅有价值功能还具有自身的利益需求，特别对旅游产业来说，各方的利益涵盖非常广泛，不仅包括一般的商业利益，还有社会文化的继承延续、生态环境的保护、目的地居民的利益等等，总之，其生态、社会和文化影响已经与经济影响处在同等重要的地位，网络主体的利益得不到保障会直接影响旅游业价值创造，没有利益平衡的旅游产业其价值创造也会无以为继。利益的保障通过政策制定和执行，在网络环境下，政策制定依赖于资源互补的利益主体之间的相互协调。中国的旅游业一直以来以政府主导模式占优，政府高于社会之上，政府是社会和旅游业发展的掌舵者，形成了从政治到行政再到社会的单项链条。但随着旅游产业网络的逐渐形成和功能的发挥，我们逐渐意识到政府与社会是相互依赖的，旅游产业的政策和相关的公共政策的制定和执行需要在相互依赖的行动者、利益者网络中完成。过于重视政府单方面的作用，忽视政策行动者多层次性和异质性，往往会使公共政策不能发挥应有的效果甚至是失效。在这个问题上，旅游可持续发展理论强调利益平衡和共同参与，利益相关者理论提出了多中心管理的观点，本书尝试以网络化视角探讨利益平衡问题，通过对旅游产业网络治理的研究，寻找一个能有效解决当前旅游业政策制定和执行中所遇问题的方案。

第一节 旅游业网络治理

一、旅游产业网络利益分析

（一）旅游可持续发展的利益平衡理念

在可持续发展观念影响下，人们提出了可持续旅游的概念，并从理论和实践两个方面对其进行探讨。1993年,世界旅游组织(WTO)定义旅游可持续发展是一种经济发展模式,达到以下目标:改善当地社区的生活质量;为游客提供高质量的经历;维护当地社区和游客所依靠的环境的质量。此外联合国(UN,2001)定义旅游可持续发展是在一个地区(社区、环境)的旅游发展长期内保持活力而不会阻止其他活动和过程的成功发展,使(人的或物质的)环境发生退化或改变。

加拿大学者Cromn认为,在旅游业内,可持续发展有独特的含义:这个产业要提高旅游容量和产品质量,同时不对赖以生存的自然和人文环境产生消极作用。这个概念包括了大量的应该作为行动指南的规则:谨慎利用地球资源;减轻贫困、减少性别不平等;提高生活质量;保护所有自然栖息地的生物多样性和生命支持系统;基于尊重不同传统,保护本土文化和生活方式;鼓励自下而上的参与责任,增强地方决策能力等等。1995年联合国教科文组织、环境计划署和世界旅游组织共同召开的"旅游可持续发展世界会议"通过了《旅游可持续发展宪章》和《旅游可持续发展行动计划》,确立了可持续发展的思想方法在旅游资源保护、开发和规划中的作用和地位,并明确规定了旅游规划中要执行的行动。

旅游可持续发展强调几个原则:(1)系统性原则。实施发展战略时,需要打破部门和专业条块分割以及地区界限,从全局着眼,从系统的关系进行综合分析和宏观调控。旅游业是社会系统的组成部分之一,与系统的其它部分既相互独立,自成体系(子系统),又相互依存。推进旅游可持续发展,必须考虑旅游业在区域发展中的功能以及与相关子系统在功能上的匹配,任何超越客观条件的超前发展和人为限制旅游业发展的做法,都会阻碍旅游可持续发展的实现。(2)合理性原则。对不同属性的资源,采取不同的对策。对不可再生资源应提高使用效益,寻找替代性资源,尽可能推迟其枯竭的时间;对可再生资源利用,要限制在其再生产的承载能力限度内。应针对旅游资源的不同特点与属性,协调资源开发、保证人类旅游业发展的需求。科学、合理地规划、开发与保护好珍贵的旅游资源，使之能最大限度地发挥其应有的价值并尽可能地延长其使用寿命，促进旅游资源的持续利用。(3) 公平性原则。当代人的公平分配和公平发展；代际间的公平，反对为满足自己需求而损害人类后代满足需求的条件；自然资源与环境的行为；三是公平分配有限资源。旅游业的发展应在满足当代人需求的同时，杜绝掠夺式开发旅游资源，保证后代人能公平享有利用旅游资源的权利，满足后代人发展旅游业的需求，为其提供同样的机会，保护和增进后代人的利益。(4) 协调性原则。旅游业要实现可持续发展，不仅应考虑旅游业与经济社会发展水平的协调，还要兼顾生态环境对旅游业发展规模、档次的承载能力，同时对旅游业自身的各要素如旅游资源的结构、等级、客源市场以及旅游相关产业等基本情况进行分析综合，保持适度发展规模，促进旅游协调、稳定、健康、持续的发展。(5) 共同性原则。实现旅游可持续发展，就必须摒弃狭隘的区域观念，加强国际交流与合作，充分利用人类所创造的一切文明成果，特别是那些适用于旅游发展的技术、信息与现代管理手段，实现全球旅游业的繁荣与发展。可持续发展，不是眼前的发展，是协调的发展，不是畸形的发展，是全面的发展，不是片面的发展。科学发展观既要考虑眼前，又要考虑长远；既要考虑发展的基础，又要考虑发展的后劲；既要为当代人造福，又要为子孙后代留下发展的空间。实现旅游可持续发展意味着告别旧有的旅游开发和运行模式，需要在新的系统性原则下，实现经济增长以外的多元目标，因此必须依赖创新。不仅应用自然科学与工程技术的创新成果，还要充分利用人文和社会科学知识，对旅游协作方式、运营模式等进行创新。不仅旅游者要具有更新的旅游素养、旅游从业者具有更新的可持续旅游理念，旅游企业组织文化和管理模式，目的地旅游企业的整合模式都需要创造性的思维和视角。

旅游可持续发展强调的是以系统的、平等的、全球的、协调的方式发展旅游，协调经济发展、环境、社会文化三者间的利益关系是旅游可持续发展的核心。因此依赖不同利益主体间的沟通和协商,在技术变迁和全球化程度提高以及民主化意识强化的背景下,需要治理更加专注于特定目标。

(二) 旅游利益相关者的多中心参与理念

在旅游可持续发展的理念倡导下,从利益相关者的维度来看待旅游业治理问题的研究方法得到了越来越多旅游学者的认同。利益相关者(Stakeholder)是指"任何能影响组织目标实现或被该目标影响的群体或个人"(Freeman,1984)利益相关者理论最初源于管理学,它认为企业的经营管理活动要为综合平衡各个利益相关者的利益要求而展开,任何企业的发展都离不开各种利益相关者的投入或参与。"利益相关者(Stakeholder)"这一概念引入旅游领域,并运用于旅游目的地规划、管理与协作的研究之中,还发展出了"旅游利益相关者"这一对应概念。旅游利益相关者理论强调参与性,并对参与的项目和参与的方式进行了广泛的研究。如旅游规划当中收集了利益相关者对规划的看法和态度,肯定了他们在整个过程中的重要价值,要关注社区的利益,确定发展目标,同时一些学者也尝试着行动起来,用半开放的圆桌会议,让利益相关者进入到规划过程中来,取得了不错的效果等等。总体来看,利益相关者的理论的指导思想是多中心、分而治之的模式。强调了旅游业利益相关者的存在,指出利益相关者的相互作用及诉求需要通过多中心方式达到追求经济、社会、文化、生态之间的平衡。旅游利益相关者研究为旅游网络治理做出了铺垫,西方旅游决策由集权式官僚方式向多元利益相关合作者决策方向发展。

(三) 旅游产业网络主体的利益诉求

1. 政府

政府的角色行为包括制定旅游的政策、实践和工作框架,制定总体规划、建立旅游管理的一系列制度和体系以及对旅游者、旅游企业和社区居民的管理。因此,在旅游发展过程中,政府扮演着管理者、生态保护倡导者、社区发展支持者和旅游企业监督者等多重复杂的角色。政府在旅游业发展中的利益长期受到行政区经济的思想影响,结果使我国各个地方政府的经济活动渗透着地方利益,形成了以地方为边界的利益概念,各地方政府发展旅游几乎都在自身行政界线内,往往出现近距离恶性竞争,区域整体利益被忽略。地方政府拥有的利益与其他利益相关者相比并不那么直接,通常会被西方学者列入战略层甚至外围。

政府的角色行为与其理论上的角色规范之间还存在较大偏离。在旅游资源保护和开发中,涉及不同级别的政府和不同利益团体与个人。就中央政府与地方政府而言,政府之间关系的内涵应该是利益关系、权利关系、财产关系和公共行政关系,利益关系决定其他关系,其他关系是利益关系的不同表现形式。利益驱动性也会使政府在旅游规划决策时,特别是对一些生态敏感区和脆弱区进行不违法但是不合理的旅游开发,造成旅游资源开发的短期经济行为,引起逆向选择和道德风险,资源配置的低效和无序,导致旅游的"标签化"。

2. 旅游企业

旅游企业包括旅游开发商、供应商、代理商和企业内部人力资源。旅游企业应尊重目的地的经济、环境和社会习俗等,但他们往往由于利益的驱动而发生与此相悖的行为价值取向,他们所追求的是经济效益的高回报。旅游产业网络内众多旅游企业所提供的旅游产品在很大的程度上决定了旅游的效果,这样一来,旅游企业与旅游者等利益相关者也存在复杂的利益关系。

旅游企业的角色行为具有"双刃剑"的功能。一方面为生态旅游社会文化环境系统注入新的人流、物流、资金流、信息流以及能量,另一方面,追求经济效益最大化的原则,造成环境资源的破坏甚至是恢复的不可逆转性。因此，旅游企业尤其应遵循企业伦理道德，坚持环境影响最小化行为守则，并处理好旅游收益和环保补偿的关系。同时，旅游企业与社区之间的良性互动关系十分敏感。首先要让社区居民分享旅游发展带来的利益，如为社区居民尽可能多地提供就业机会、受到培训和技术支持等商业机会，保证本地居民优先被雇佣的权利，旅游商品尽量采用本地原料进行加工等，以切实保障社区参与和利益分配，进而调动其参与旅游发展的积极性和能动性。事实上，社区参与也能在一定程度上有利于旅游企业的低成本运作，并增加生态旅游产品和服务属性中的原生性文化氛围，增强旅游产品的魅力要素，二者之间的关系是互利互惠、良性循环的，尽可能地降低冲突层面。

3. 社区

社区是受区域旅游合作影响最直接的利益相关者，主要是指当地居民，他们不仅关注经济的可持续发展，同时还关注社会和文化的可持续发展。在区域旅游合作中，社区居民是一个弱势利益相关者，他们的声音一直较小，利益得不到保障。事实上，社区居民的社会文化、环境和经济状况对其他利益相关者有着很大的影响。当了解社区居民生活和与社区居民直接接触已成为当前旅游活动的一项重要内容时，社区居民显得尤为重要。

社区居民作为利益主体，构成社会环境的一部分，甚至是人文生态旅游资源的重要部分，同时也是旅游活动的敏感者和承受者，扮演着多重和动态性的角色。作为受益体通过旅游居民的就业和经济收入的增加，公共设施得到改善，社会文化开放度提高等。同时旅游地居民是生态环境破坏的承担者，要在旅游业中得到合理的利益分配。居民在旅游发展与管理中扮演着十分重要的角色，但由于社区参与生态旅游发展可能处在不同阶段，且大多数的社区参与停留在较低级的阶段，即使有些参与，也很少能够从旅游中获取相当的收益，从而客观上抑制了扮演"生态保护者"角色的主观积极性。据相关实证研究结果表明，旅游的绝大多数收益被城市的大私营企业控制和获取，当地社区的生态旅游收入很少（Martha，1994）。特别是随着旅游业规模的扩大，旅游对当地环境和社区文化带来的负面影响日益显著，目的地居民的"主客"关系也开始发生转变，甚至抵触和冲突。在这种认知情况下，社区对维护文化的自然性和原生性以及保护环境的参与性表现得更为被动。社区角色与其他利益相关者角色之间既是共同利益合作的过程，也是各自利益冲突的过程，这正是值得我们关注的一个焦点问题。建立有效的参与和分配机制（包括参与管理和决策、参与就业和利益分配等），以此来平衡社区角色与其他利益主体之间的利益关系十分迫切。

4. 其它相关部门

旅游政策网络中的相关部门主要包括环境保护单位、公众、媒介、学校等组织和个人，其建立主要是为了实现合作的社会效益和环境效益，自身并不从中获取直接的经济效益。其主要职责是对各利益相关者进行监督，往往成为弱势利益相关者的代言人。他们对合作的促进作用很大，如媒体对合作的宣传会极大地推动区域旅游合作的发展，其对合作运行的监督也会有效地规范旅游合作的发展。

非政府组织是其中的代表性组织，他们在旅游发展中具有不可替代作用，包括环境意识的普及，促进环保领域的参与，联络资助人，加大对相关学科和技术的研究，对扶贫进行有效的监督等。国外的非政府组织在旅游开发过程中建立了一套当地社区、私人企业、政府和非政府组织相对民主决策的机制，使旅游发展的策略不忽视任何一方的要求特别要体现社区的利益。此外非政府组织的创造性联系和沟通能力包括正式的和非正式的联系能力，给旅游发展特别是扶贫带来了很多发展契机。可以说非政府组织代表了容易被政府忽视地带的利益。

5. 旅游者

作为旅游业服务的对象，旅游者与其他利益相关者的核心利益是异质的。旅游者虽然注意经济效益，但其最核心的是追求一种高质量高品质的体验和经历，旅游地的环境状况和社会风俗等是满足旅游者愿望的一个关键。同时，旅游者的违规行为也会给旅游目的地的各个方面带来不良影响。关于旅游者的定义虽然在统计学和旅游理论研究领域有不同的提法，但对于旅行社而言，他们就是"消费者"。在旅行社管理中需要特别提及的是，旅游者与投资者、员工及供应商的核心利益是异质的，虽然表现形式上在许多情况下仍表现为经济利益，但经济利益绝不是旅游者利益的核心，旅游者利益的核心是旅游经历的质量和满足感。旅行社与旅游者的交易不仅是"等价交换"那么简单，其中包含的更重要的是消费者权益、宗教信仰、风俗习惯、文化传统及道德权益的主张，在许多情况下，这些权益比经济权益更重要。

旅游者的利益诉求点是获得高质量的旅游经历，属于非经济利益，因此与保护区或生态旅游景区之间的和谐性较大。旅游者相对更为遵循生态伦理，具有较强的生态意识，对保护区或生态旅游景区的环境保护具有责任感。旅游者除了保证其旅游行为生态之外，还应当造福当地社区，保持对当地文化的尊重和敏感，并真实地反映当地文化价值观。

对以上的各方利益总结成图如下：

表 4-1 旅游利益主体的诉求

利益主体	对旅游产业的影响类型	利益关注点
政府	政策层面	经济效益和社会效益
旅游企业	经济层面	经济利益最大化
社区	社会文化层面	生活水平 居住环境
旅游者		满足旅游需求、获得体验
其他相关部门	环境、社会保护层面	环境效益

二、旅游产业网络治理机制

网络治理是公共治理的一种新框架和新模式，强调通过确认共同的目标，建立合作伙伴关系解决公共议题。按照全球治理委员会对网络治理的界定，网络治理是相互冲突或不同利益得以协调并采取联合行动的持续过程，是一种特定形态的治理，是对广泛分布的政策资源进行动员的机制，可以把它看作是在政策网络中通过动员政策资源，以实现公共政策效力的过程。这要以政策网络中各结构体之间协同互动为基础，把政策网络中各结构体之间的协同互动，看作是政策网络运行的主要方式和行动者的战略目标，这也是公共政策效力实现的主要方式。旅游相关的社会公共事务管理纳入了多元的主体，政策行动者的范围已经外扩到政府之外，这必须要国家在公共管理过程中从垄断走向竞争，政府与非政府组织乃至私人部门一道，参与到整个旅游公共事务和政策当中，形成不同于市场和等级制度的网络结构。实际上，网络结构才是治理制度的结构基础。当决策权力与行政结构相互依赖时，而且政策资源是高度分散时，行政部门通过与民间团体建立政策网络形式的互动关系，得到民间社会的协助与合作，以利于政策顺利推动，并降低政策监测与控制成本。

在多主体诉求下，网络治理是一种复合中心的模式，制定政策需要建立在参与网络基础上。旅游产业网络成员按照相互达成的博弈规则和信任进行资源交换、妥协以及互动，合作主体包括旅游相关的政府部门、企业、非政府部门和公民个人等，彼此合作，多方参与，在相互依存中分享权力，管理事务。网络治理的主题离不开"促进协调""合作""信任""妥协"等，通过协调和商议，调整参与者的行为，最终达成成果，达到提升集体的问题解决能力和政策的改进。网络治理改良了传统的自上而下的单一领导方式，不再将旅游管理者视为绝对权威，对其形成了有益的补充，以目标导向来影响网络中的其他成员，加强领导的诱导、沟通性和契约性。同时，突出了行动成员互动关系的作用，在制度层面重视网络组织内部安排和机构的多重目标实现，把行动者、资源、关系结合网络的特征,取得治理效果。某种程度上,规划出共同行动优于目标达成。

(一)旅游业网络治理维度

1. 行动主体

网络治理是一个过程,是表达各自利益诉求的平台和提出政策过程,因此网络治理的主体就是各利益主体,这在前文进行了阐述。如下图,旅游业网络属于议题网络,成员众多、相互依赖,有限的垂直关系。旅游产业网络内利益主体间是相互作用,并相互依赖的,政策的制定和执行是相互合作协调的结果。不仅保证价值创造运作顺利,还增强旅游产业网络的竞争性和创造性。

表 4-2 政策网络类型

网络类型	网络特征
政策共同体 (policy community)	稳定、垂直的相互依赖关系,有限的水平整合,表达地方与中央政府利益
职业网络 (professional network)	稳定、垂直的相互依赖关系,有限的水平整合,表达执业人员利益
府际网络 (intergovernmental network)	有限成员, 表达地方政府利益
生产者网络 (producer network)	动态的、有限的垂直依赖成员关系,表达生产者利益
议题网络 (issue network)	不稳定的关系,成员众多,有限的垂直相互依赖关系

资料来源:R. A. W. Rhodes and David Marsh, Policy Networks in British Government, 1992, Oxford: Clarendon Press, P. 14

2. 网络的结构

网络的结构反映在网络的规模、界限、链接形式、关系的强弱、密度等等，是一些需要借助网络科学进行测算和反映的维度。无论是价值网络还是治理网络都嵌入到社会网络当中，运用成熟的社会网络分析方法和工具，将测算指标引入到网络治理当中来，反映网络成员之间的关系和相互作用及影响的程度、强度，为分析政策合作的过程机理提供了参考指标。

网络行动者在旅游网络中所处的位置对政策结果的影响不同，普佛尔通过定量研究指出，旅游规划网络中的交流网络，其结构位置不同的主体具有不同的左右决策的能力（王素洁，2009）。澳大利亚的大堡礁和昆士兰地区拥有发达的旅游业，信息和经验等知识元素可以在旅游产业网络内扩散，帮助整体调整经营模式和治理模式，使当地的旅游业长盛不衰。我们从图4-1借助社会网络视图技术，很明显看到大堡礁路（Great Ocean Road）和乡村葡萄园区（Legends Wine and High Country）产业网络的内聚性差异，前者的网络集中于一个中心，而后者相对分散，密度高于后者，图中原点平均距离表明了系统交换信息的能力效率，意味着营销内部活动是一个围绕大堡礁各成员合作的结果。在葡萄园区，当地的行政部门在地理上和政治上要松散，缺乏通过区域系统相互合作的动力，而在大堡礁拥有发达的区域机构设置，提升了正式合作的地位。发达的黄金海岸（GoldCoast）旅游区显然比位于郊区地形分散的南部第斯（Southern Downs）在密度和距离数值上占优。前者围绕几个主要机构形成网络，而后者却分散缺乏内聚性。内聚的组织间网络对于目的地来说非常重要，越是产业化程度高的地区跨组织结构就更加内聚，沟通和合作更加常态化，治理过程的网络性更容易体现，网络治理的目标就更容易实现。

3. 行为准则

网络的作用发挥在冲突背景下，由于旅游业网络中的利益主体往往存在冲突，多目标实现需要不断进行沟通、协商，同时需要参与者具备公共福利的理念，网络内蕴含着开放和包容，妥协、共勉的智慧行为，达到事件的解决目标。网络在这些建立起来的基本行为准则之上，才能充分地运转和发挥作用，没有行为准则的政策网络是没有方向和灵魂的网络，在政策的形成过程中缺乏有力的保障。

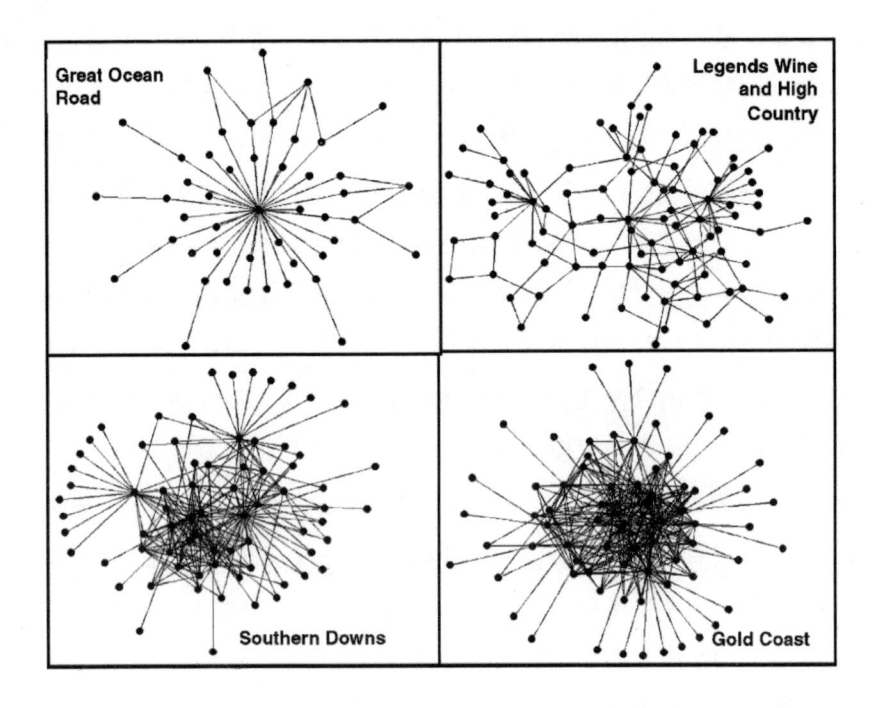

图 4-1　澳大利亚四地旅游业网络结构图

资料来源　Neol Scott DESTINATION NETWORKS Four Australian Cases Annals of Tourism Research 2007

4. 力量关系

力量关系是指利益相关者在网络中地位和影响力。一些旅游产业网络形成力量均衡的局面，没有出现起主导作用或发挥关键影响力的成员，一些旅游产业网络由于形成基础加之后天的环境促成，出现了主导的网络成员，在网络中居于中心地位，在很大程度上影响其他成员，并在决定网络的发展方向上其关键作用。前者属于无盟主型网络，后者属于盟主型网络。力量关系的分析揭示了旅游业各利益相关者矛盾运动和利益冲突的焦点，和制衡关系，进一步研究利益获取和分配、权利义务平衡以及生态耗损和补偿等奠定基础，也求解出协调各方利益的均衡点。

(二) 旅游产业网络治理功能

网络治理的功能一方面，是为了节约交易成本并实现整体网络的利益最大化，实现的方式是组织间协调或社会机制的结构性嵌入，另一方面，为了增进网络的整体竞争能力，实现的方式是网络中资源的互补与共享。

1. 对行动者互动关系的调整

网络成员间的互动关系是动态化的，需要根据外界环境的变化和网络整体的目标和利益偏好进行调整，因此行动者的数量和构成并不是一成不变的，需要引入新的成员，或是排除现有的成员。无论是吸收进新的成员还是分离出现有的成员，都会改变网络的结构和互动的方式和形态，新的成员会给原有的网络带来新的资源，改善网络结构，起正面作用，而旧的成员离开时网络运行更高效，前提是不给网络带来损害，因此不能过度。所以在网络治理过程中，需要成分考虑到进入和排除的利益偏好以及组织相容性，达到增益且补充的作用，在关系调整中平衡合作，取得良性互动的结果。

这一过程需要相应的关系治理。治理网络中的成员作为每一个节点，相互之间的联系嵌入到社会网络之中，影响着网络治理的效果。社会网络对人们行为具有制约作用，其经济活动和产出受双边行动关系和整个交易关系的影响。运用关系型契约和信任机制在关系调整中规避可能的损害，是非常关键的。网络的运行会形成一种局域氛围，借用物理概念被描述为"场效应"，通常是指在非充分竞争和非完善交易活动中，依习惯性行事的隐含合约，契约方尽量借助自身特有的知识优势，不断依靠成员间长期形成的交往和沟通，自我实施，有效地防范机会主义行为。虽然初始阶段没有实质性内容，但人际交往的充实和完善以及企业间的往来常态化，随时对契约进行适当的调整和补充。信任机制实际上是成员组织间合作信任问题。参与交易的成员有信心认为对方会按照期望完成交易或管理。形成高度信任氛围的网络成员有很强承担风险的意愿，不会损人利己，落井下石。社会网络蕴含着共同的目标、价值取向、文化习俗及行为模式，这种无形的粘合剂能较好地防范机会主义行为，将趋向遏制于无形。可以说网络的在进行关系调整过程中借助于关系型契约和信任机制的辅助，会使这一过程尽量少地付出较大的成本。

2. 对资源配置形态进行调整

网络中个体成员对资源拥有情况与其提供的相应服务和贡献往往出现不对等的情况。运行具有效率的网络需要处于网络核心地位或拥有优势资源的成员应该承担更多的职责，提供更多的服务，而处在网络的边缘地带，资源拥有情况交叉的则需要更多的补给和输入。网络治理的一个非常重要的功能就是扭转资源配置不均衡的状态，强化网络的灵活性，求得资源均衡地在各成员间进行配置。

例如信息资源配置不合理，将导致机会主义行为，产生的原因多种，首先，是网络自身的产物即分布式障碍，由于距离、规模、从属关系和文化差异，使建立和维持网络信息流动有效而通畅从而出现了问题，连续性交流信息出现了问题；其次，参与信息协调的节点组织专业背景不同，沟通时会产生障碍；还有，网络节点多、地域广、联系复杂，个体的利益与网络整体利益会发生不一致。治理的一个主要内容就是提高网络内信息流通的速度，消除沟通障碍，采用途径主要为建立创新、沟通和谈判协商机制。联合学习，加强学习能力，共享信息，进行"双环学习，主体不仅要将网络组织现状与事先设定的目标比较，还要让治理目标反应对环境适应。通过谈判沟通，各合作伙伴可以明确自己的职权范围，促进各自的知识增长，形成学习优势。

3. 对规则渐进性的调整

在旅游业网络系统中，网络关系的稳定和网络的正常运行需要规则的协助及保障，但同时网络是一种松散的联系并不具有科层制的强制性的控制力量，依靠网络成员的共识及在此基础上设计的机制和规则，网络治理的一项功能就是对其不规则进行调整和修正，但需要强调的是这种修正和调整要采取渐进的形式，不能一切到底。网络成员间的互动关系会通过规则的渐进性调整而朝着积极健康的方向发展。如果发现运行中的网络出现不良情况，调整可能有两种，一种是全体成员达成共识对网络规则进行大幅度的修正，一种是不能取得全体成员共识的情况下，在其可能接受的幅度下渐进、适应性地修正细节达到逐步调试到位，这两种积极规划未来网络运行体制的行动，需要发起者，一般在网络之中，政府、企业和第三部门的成员都有可能担当起这个角色，但是启动程序需要在网络运转过程中逐步制定出来，体现出网络灵活应变的能力。

例如，在树形和环形网络网络中，主导成员或盟主出现违规，其他节点对其抑制难度比较大，采取一步直接式的剔除对每个成员的自身利益影响较大，就要分成多步，渐进切除或调整，首先减少违规成员的信息享有程度，其次降低其占用资源的重要性，重新选择主导成员和盟主，最后进行剔除违规节点。同时要体现人文关怀，在时间上给予充分照顾，让其有机会和时间进入其他网络。

4. 关注价值规范的整合

网络之中成员共同遵守约定或协议来保证网络的有序运转，在这个框架保证下才不至于一个成员违约而破坏网络组织的结构。网络构成多元且复杂，其成员来自于政府、专业市场或第三部门不同的次级结构，各自的价值认知和观点不尽相同，往往存在很大的差异，如何求同存异和谐运行实现共同目标，避免出现彼此竞争领导地位的状况发生，需要一个自由开放的空间，兼容不同的价值观点，也有相互碰撞的场合，才能达到拉近彼此的认知距离，凝聚结构间共识。

正如荷兰学者威廉·可科特所概括的，网络治理的战略性管理分为两个层面：经营管理与网络构建。前者是指对现有网络内的关系进行管理，保障网络成员间的互动顺畅，这需要政府为成员相互妥协创造行动空间和环境，如召见利益相关方进行对话，保证新规则满足各方利益；后者指改变网络解构的努力，目的在于健全网络结构，往往包含着更多的介入式干预，改变的是主体之间的关系、资源配置的方式甚至于政治方向等，最明显的例子就是新成员的加入，需要对其合法性进行认可。当个体层次上的经营管理和总体层次上的结构管理都合乎网络治理要求的时候，网络成员的服务承诺和资源投入才会得到保障，才会出现真正的平等、互惠与信任的关系。

对于有盟主或主导的网络，调整结构不仅是简单地增加或剔除一些节点，还要从网络整体的长远利益出发，对拓扑结构进行规划，以求得信息不对称和机会主义获利。更便于信息流通的网络结构是网络密度高，网络距离短而且网络聚集成度高的拓扑结构。对于已经出现违规的节点，其机会主义行为获利的第二次实施的概率要远高于第一次，因此，必须对违规的节点进行抑制。

第二节 旅游业网络治理实践

网络治理是在网络范式下提出的政策管理理念，在旅游业还很少被提及，但受可持续发展和利益相关者理论的影响，旅游业已经实实在在地进行着类似网络治理的实践，如危机治理、目的地复兴和旅游扶贫等领域，其实践宗旨是通过产业网络内各利益主体的互动，克服科层和市场的无效，不强调政策的结果，而是政策的制定过程，其实质就是多角色参与。

一、旅游目的地危机网络治理

近年来，一系列自然灾害、公共卫生事件、经济危机等对国内旅游业造成了巨大而长远的负面影响。危机事件呈现诱因复杂化、类型多元化、影响范围广泛化以及危害效应扩散化等特征。对其防范和化解，一直以来人们固守着行政主体一体化的思想，习惯于将政府视为公共危机管理的唯一主体。随着环境变化不断加剧，政府能力和资源面临诸多挑战，例如政府组织往往条块分割严格，在危急中相互协作效率有待提高，长期的官僚作风形成的超稳定力导致了信息处理与传递的捉襟见肘，往往决策会失误或贻误。复杂且多元的危机需要社会各方共同面对，形成应对网络，进行合作创新。走出工业化时代僵化、呆板的思维方式，以全息观将政府与社会各组织置于平等地位，嵌入到公民社会之中，形成网络处理系统。

资源禀赋角度来看危机管理中各个参与主体所拥有的资源不尽相同，而危机管理过程中需要利用多种资源，政府拥有的资源毕竟有限，对相关领域的灾难能很好地救助，但面对复杂的涉及多个部门的时候需要彼此分工合作，发挥各自优势，共同应对，展开合作博弈，驱除非合作博弈。陈振明（2005）指出"为了实现与增进公共利益，政府部门和非政府部门（私营部门、第三部门或公民个人）等众多公共行动主体彼此合作，在相互依存的环境中分享公共权力，共同管理公共事务。相关主体形成的公共网络嵌入到旅游网络之中，通过网络治理及知识治理增强目的地危机管理的能力。当然政府组织仍然是危机决策的主体，对资源和价值分配具有权威性，发挥着主导作用，将各个组织围绕目标任务组织起来，但不是唯一主体，多元中有重点，协作中有权威。这与以往的一言堂式的旅游危机处理模式在权力中心、组织关系、组织边界、权力来源、运行逻辑、信息流通以及思路的构建其实有实质性的区别。网络治理的权力中心是多元化的，主体间是相互依赖，基于信任进行协作，权利确立取决于主体对知识和信息的拥有量，网络构建的模式依据突发任务为导向，并不是固定决策化的，边界也需要模糊化和柔性化，同时决策方式是并行的，而非时序性和阶段性。

危机合作网络由政府、企业、非营利组织、国际组织和居民等多元主体组成，形成一个彼此依赖，共享权利的自组织网络，它具有不断解构、重构，保持开放性的特征，形成旅游主管政府机构规划，制度化协同企业、非政府组织、公民等网络主体上下联动，网络式应对的格局。这种治理结构以其扁平化、弹性化的特征替代了政府单一应对的机械僵化的情况，弥补其反应能力的缺陷，保证了快捷有效性。保证了公共权力向社会回归，公民的公共责任被唤起，彰显公平参与的民主意涵。基于以上的网络治理解构，形成了多条知识链，知识在不同的成员间流动，实现了共享和创新。当然，在制度层面上引导和激励，维护各方利益，以最优化选择共享知识，柔性与柔性协调机制并举。柔性机制包括打造合作型文化，互惠互利、彼此信任，规避谋求私利的有限理性行为。知识共享有效地限制了网络成员的机会主义行为。刚性协调机制指用强制性的规则、制度、契约等，在危机处理网络中集中权利和统一行动，用约束和法律强制行为来集体惩罚机会主义行为，强制约束网络成员采取协同一致的行为共同应对危机。两者相协调保证了网络运行的弹性、开放、灵活，又实现了网络运行的效率、有序，具备了应对复杂环境能力。

二、旅游扶贫的网络治理

贫困是历史留下的沉重负担，消除贫困关乎社会稳定国家存亡的大计，因此世界各国都在积极寻找有效途径减少贫穷人口，改善贫困状况。旅游扶贫属于以贫困地区为对象的反贫困战略，在实施过程中主要追求贫困地区旅游产业发展和区域整体经济增长。旅游扶贫给许多国家特别是发展中国家带来福音，一些以扶贫为目的旅游开发项目似星星之火，在政府扶植、国际援助的环境下，显露着勃勃生机。所以，许多人乐观地认为旅游扶贫是"投资少、见效快"，"优于其它扶贫方式"的法宝。贫困地区于是纷纷求助于旅游开发，上演着"旅游扶贫热"。不过，在旅游扶贫在实施的过程中也出现了一些问题，涉及到环境、社会和贫困人口的利益等多方面。遗憾的是长期以来我国实行政府和外部机构主导的反贫困战略单一的行政计划机制，框定了反贫困资源在各级政府垄断下传导和使用的格局，忽视了贫困主体自身对反贫困资源的选择和对项目的接纳程度，过分依赖政府体制和系统来传递和分配制度，扶贫资金不能及时传递到贫困者，扶贫缺乏有效识别穷人机制，增加了扶贫的交易成本和风险，而且在规划指出缺少多方面的意见参考，忽视了旅游的社会和环境负效应。可以说机制的不健全，参与的不全面，治理的不完善导致旅游扶贫，经济上脱贫，但内心还处于贫困的挣扎之中，或者是潜在的代价相当高。

网络治理基础是旅游扶贫的参与者不同，角色不同、相互作用也不同，但强调每个主体都要全程参与，在不同阶段博弈中达到各自的利益诉求。

首先，在治理中保证博弈方各自的利益。穷人在旅游扶贫的博弈中往往缺位，没有话语权，导致其利益无法保障。因此必须强调居民的参与，保障民生，从这个根本出发，旅游扶贫博弈各方才能形成合力，将居民的土地、人力资源通过土地经营权、旅游资源经营权和劳动力入股的方式，年年获得分红，而非一次性补贴，得到认可和获得回报。

其次，利益分配执行公开透明，政府作为旅游资源经营权让渡资金的实际支配者，需要在这笔资金的二次分配中尽可能更多地惠及当地居民。而企业在分红过程中也要保证公开透明，以股东大会的方式确定利润分配方式，确保居民获得应有的收益。

另外，建立契约履行的保障机制。"契约必须遵守"，是一个古老的法律命题。契约一旦订立，应建立保障其履行的相应机制。当然，契约履行最大的保障是订立过程中多方利益均衡。契约的履行是对各方利益最为基础的保障。政府作为公共规则的制定者和执行者，必须有着始终如一的态度。企业与居民是契约的执行者，即使利益均衡被打破，也不能因此而破坏契约履行。契约的坚定履行使得各方对未来预期非常明确，也有利于各方获取预期的利益。

从英国推行的旅游扶贫试点来看，在重环保、重参与的前提下，把当地的穷人阶层放在中心位置，这就决定了其研究重点在社会公平。关心发展中国家的穷人，关心不富裕的发展中国家人口里的更不富裕人口。他们的工作方法几乎贴近每个人，提出的措施很具有实践操作性，细致入微。资助者提供主要的研究经费，旅游学者到英国的主要旅游目的地国家开辟试点，和当地的私营企业、政府、资助者、社区和穷人组成了旅游扶贫利益相关者。他们各取所需当地政府获得税收，企业取得利润，穷人获得更多的机会，非政府组织要将资助经费使用得富有成效，以便反馈给社会有价值的信息继而获得更多的资助。由于目的是消除贫困主要是为穷人争取更多的经济机会，因此与那些在旅游经济活动中起主导作用的企业、机构关系最大，他们要让掉一点经济利益。非政府组织也就是研究者所代表的组织，将把主要的精力用于对旅游企业、机构游说，陈明厉害，唤起其责任感上。在运作过程中非政府组织促动当地政府出台政策措施鼓励私营企业扶助穷人，同时他们还对贫困人口进行培训，增强他们的技能水平，在国内，宣传责任性旅游使游客也能积极配合。在规划和决策的过程中必须由所有利益相关者参加讨论，最大程度地满足每一部分人的要求。非政府组织是发起者，穷人是最大的受益者。总之旅游扶贫的政策制定可以在各方利益相关者共同参与和互动中制定和推行，达到网络化治理的目的。

三、旅游目的地复兴

产品生命周期理论指出，市场上任何一个产品都将经历一个缓慢的生长期。若市场营运正常，跟随着的是一个快速增长期，然后是平稳期。如果产品的进一步研究开发跟不上，其吸引力和市场竞争力必将减弱，销售额将下降，最终衰减淘汰出市场。巴特勒提出旅游地生命周期五个阶段模型。第一阶段为探索期，以较少的旅游者、简单的旅游设施、未被破坏的自然环境以及为被打扰的地方社区为特征。第二阶段为参与期，目的地社区都参与到了旅游开发建设当中来，基础设施初具规模，明确了旅游发展的规划和目标。第三阶段为开发期，以广告等活动树立新奇性影响潜在的旅游者，但这种新奇性随着游客的增多而逐渐消失。第四阶段为巩固期，旅游地走向成熟，游客数量仍在增加，但增长率下降。第五阶段，停滞阶段，旅游者数量超过阈值，目的地受到了旅游在经济、生态、社会的负面影响，要么衰退要么复兴。

目的地复兴对中外旅游研究者和政策制定者来说都是一个紧迫而非常具有价值的课题。国外现代旅游经历了近百年的发展，很多旅游目的地由于处在衰退阶段而一蹶不振，被人们淡忘抛弃，沉寂多年，地方政府与研究者在努力使其焕发生机。我国旅游经历了30年的发展，旅游目的地发育情况参差不齐，其中一部分目的地步入到停滞阶段，例如河北北戴河、青岛八大关、辽宁绥中兴城海滨度假地在20世纪90年代后期陷入衰退，前者从1993年的500万人次的高峰减少到2000年的200万人次，我国夏都的辉煌已渐渐远去，后者也是风光不再，我国出现越来越多的目的地衰退现象，寻找到一条有效的复苏之路就显得刻不容缓。

根据扬·莫里森（Ian Morrison）所提出的第二曲线，可以看到通过旅游开发与管理创新、营销运营机制创新及形象重塑与提升等新技术来突破传统发展曲线，促使旅游地产品结构调整与转型升级，提高产品核心竞争力（唐代剑，2009）。最重要的途径就是通过网络治理，依靠多方外部力量的强势介入，包括政府的主导式推动、产业经济结构变动、地方民间组织的积极参与、当地社区的自发行动等。

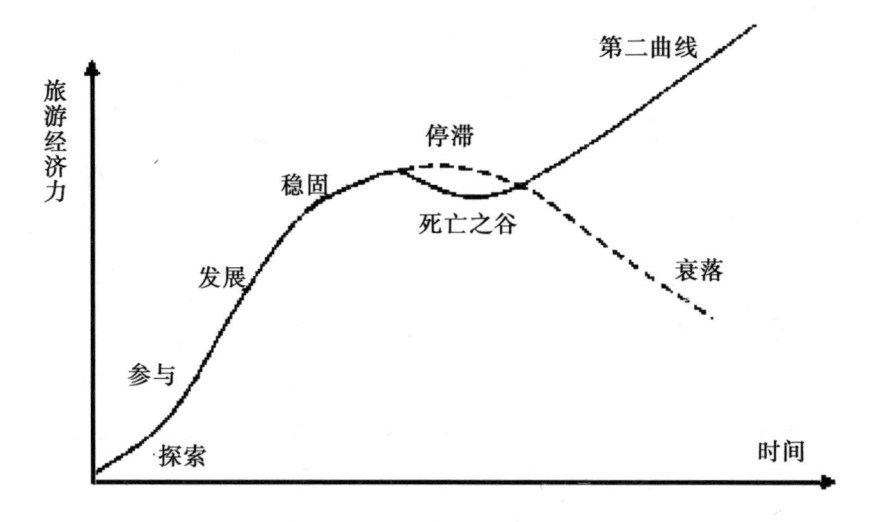

图 4-2　旅游地发展与演进的第二曲线模型

资料来源：唐代剑.旅游地复兴的第二曲线理论机器路径［J］.经济地理，2009（05）：10-15

（1）政府的主导推进，以英国在传统海滨度假地衰退治理为例，在海滨度假地普遍缺乏替代性产业的支撑情况下，政府提供金融支持、减少规划控制等手段鼓励国内投资。打造战略联合体，共同开发目的地联合营销。英国政府退出与企业密切合作的计划（TDAP）提倡深入细致的产品调查、市场机会识别以及政府和私人部门多方合作的理念，更多地促进中小企业的发展。美国大西洋城通过开发赌博旅游产品成功走出衰退的经典案例，对处于衰退中的海滨度假地产生了广泛的示范效应，各地政府纷纷试着开发新型的大型旅游项目，促使度假地复苏。

（2）产业经济结构调整的带动。以产业转型为例，这个过程例如国外工业遗存旅游，2003 年，国际工业遗产保护协会发表宪章，建议政府对工业遗存附近，开发其审美价值和稀缺性价值，甚至是遗产价值。20 世纪 60 年代，欧洲大多数传统工业区相继进入衰退阶段，提出了工业遗产旅游概念，兴起于英国之后不久传播到欧洲其他传统工业地区，如德国、荷兰、比利时、奥地利、法国、西班牙和意大利等。铁桥峡谷以铁锹和鼓风炉最为著名，密布着巷道、运河和铁路，密集地汇集着采矿区、工厂、铸造厂和仓库。1999年，德国鲁尔区成功策划了区域一体化工业遗产旅游专线，包括109个工业遗产景点，6个国家级的工业技术和社会史博物馆，12个典型的工业局，9个利用废弃工业设施改造而成的瞭望塔，确立了博物馆、公共游憩空间以及购物旅游的综合开发等模式，从生态经济的角度对工业资源进行全面、系统地开发和利用，不但实现了自然改善，而且逐步恢复了生态经济系统的平衡。此外，政府、企业和居民的相互作用，在制度进行创新，不断改变已有和潜在产业的发展环境，为其创新提供机遇。区域制度调整援助衰退产业，同时扶持替代产业。对衰退产业通过财政、资金扶持进行间接援助，促进生产要素顺利地从资源产业向非资源产业转移，在生态环境方面、社会职能剥离方面都有所改善，缓解衰退中的工人失业、收入降低等矛盾；对于替代产业政府扶持其发展，实现产业结构升级优化，建立新的增长点，调节就业结构，缓解就业压力。辽宁阜新市作为全国第一个资源转型城市，产业结构调整的过程中，将工业遗存开发成旅游资源，先后建立了国家首个地质博物馆和矿山公园，将结构调整失业的工人重新吸收回来，并且通过植树改造改善了矿区的小环境和空气质量，使旅游业的社会效应达到了最佳的状态。

（3）中小企业的创新活动。中小企业的创新在目的地复兴过程中起到举足轻重的作用，在产业环境和政府主导的层面推进的背景下，中小企业的积极行动目的性地注入更多的活力和生气。旅游企业关注细分市场更加专业化，除了传统的3S产品，推出更多的康体设施和文化节事活动。将目标市场由原来的大众低消费游客，转向特殊兴趣爱好的高端客户。更加注重旅游产品的多样化，如托比、波内茅茨和伯莱顿的旅游企业开发出新的文化资源以及人工吸引物，让商务和会议旅游产品丰富原有的较为单一产品市场，同时更加注重短程国内市场的需求。秦皇岛和北戴河旅游企业开发出沙滑多种低碳绿色的环保型旅游项目，一改人们对传统3S产品的认识，更具体验性、学习性和教育性，成为当地主要的旅游吸引物。

(4) 民间组织的积极参与。旅游目的地复兴是一项复杂而周密部署的任务，需要专业性很强的北京的专家和组织参与进行分析、战略策划和评估。政府专业型资源有限，而企业的盈利动力往往会忽视公共利益，牺牲旅游业的可持续发展，因此需要以实现公众利益的组织的力量介入，科学规划和评估。

(5) 当地社区的自发行动。旅游目的地居民是旅游衰退的直接受损者，当地社区是旅游发展最直接的利益相关者，从这个角度看，在旅游目的地寻求复兴道路的过程中，他们是最有积极性和能动性的力量。导致旅游目的地衰退的污染、环境破坏等情况，在某些时候由当地社区自发行动进行消除和减缓。比如通过地方民主选举选择在施政纲领中积极努力的社区代表，推动消除衰退的因素。北戴河在目的地复兴探索过程中，积极鼓励居家型度假接待方式，使当地居民从游客的到访中直接受益，他们纷纷开设旅游网站接受来自全国各地的网上房间预订，提供家常海鲜菜肴，注重市场的口碑效应，复兴了当地的旅游市场，2010年接待游客达到1 884万，恢复了往日兴旺。在这个旅游目的地复兴的成功例子中，我们看到网络治理的功效，其主旨是依赖网络各方成员的共同努力，发挥各自优势，集合各自资源，从各角度和层面激发旅游活力。

小　　结

网络治理对于旅游业来说还是一个新的议题，国内的研究刚刚起步，但其具有广阔的前景。当下倡导社会共治，需要各个领域的实践，而旅游产品的公共成分使我们对其实践性具有期许。旅游业在几个领域的多中心参与努力应该称为类网络治理，还没有真正地进入到网络治理模式，首先缺乏政策资源，其次缺乏民主机制，这些都是深层次系统问题，超出了本书的能力范围。网络意味着平等、公平、参与，旅游产业网络也不例外，随着网络治理思想的深入和业界的重视，会产生积极的效应，推进旅游业的全面发展。

第五章

旅游产业网络知识机制

旅游产业网络是内部异质性和外部不确定性的产物，为了适应这种行业发展环境，旅游产业网络必须具备学习能力，进行复杂的、多因素的、交互的知识活动，网络造就了更多知识与应用需求碰撞的机会，知识成为了网络系统的核心要素，价值创造过程和治理政策形成过程都离不开知识的流动和整合，知识机制发挥得越有效率，旅游产业网络的价值机制和治理机制就越有活力，知识机制越完善，旅游产业网络的创新能力就越强。知识在产业网络中扮演着越来越重要的角色，知识管理必定会成为旅游业的管理主题。

第一节 旅游产业网络的知识活动

一、网络与知识的关系

网络与知识具有天然的联系，网络便于知识形成互补，网络提供了知识交流平台，网络是知识流通的途径，网络是知识整合的保障。当知识成为核心竞争和创新要素的时候，就需要网络的支持。

（一）资源角度

从资源依赖的角度看，组织间合作是一个学习的机会，通过网络获得自身所缺乏的知识资源，弥补内部知识的不足。在网络中不仅能够使成员获得重要的知识资源和产生竞争优势，而且能够促进知识在网络中的流动，促进网络成员向其他联盟伙伴学习。组织是异质性知识的集合体，网络中拥有丰富的知识存量，可以形成知识联合体，不同的企业相互合作，相互作用，对来自各方的知识进行共享，将其内化为组织内部知识，继续巩固自身的知识优势。

（二）平台角度

从平台效应讲，网络中的成员能够获得彼此知识是因为加入了网络的缘故，只有进入到一个范围网络中来，才有机会接触到其他成员的知识。通过网络联盟获得的是正式协议之外的技能，可以进一步将其在组织内进行扩散。第一种知识是参与过程中积累的管理知识，如何与知识联盟的其他伙伴进行合作和沟通，拥有这些经验的企业要比没有这些经验的企业更容易组建或融入其他网络。第二种知识是企业网络中从其他成员那里学来的知识和技能，网络存在着进入壁垒，因此通过网络学习到的知识是网络组织外个体所学不到的。第三种知识是网络的形成所产生的空白，包括知识空白、管理空白等等，需要新的知识去填补，网络内的企业在运作的工程中发现这些需求或是引入新的成员进行修补，或是自身学习来填补。

（三）途径角度

从途径效应来看，网络是一个组织间学习的途径，也是知识联盟产生的主要动机。网络除了能够产生不可替代、不易模仿的价值以外，本身也是一种不可模仿的资源。通过建立学习关系，企业能加速发展，企业可以获得利用其他企业开发的知识成果，在一定程度上规避不确定性。同时，网络是获得和转移知识及创新能力的有效机制，合作是用来转移那些不能通过市场交易方式进行转移的组织知识及其他复杂信息的一种机制，因为它是一种降低不确定性，进行组之间学习的有效机制。

（四）保障角度

从保障效应看，网络是一种制度安排和结构，有利于系统地搜索、分析、扩散和使用知识。它不仅仅是学习的平台和途径，更重要的是提供了学习机制，为组之间学习提供了组织保障机制。首先是外部环境的动力机制，外部环境影响驱动企业设计进行学习；其次是成员自身内部的学习推动因素，由学习能力、学习态度等资源要素构成；还有成员的合作竞争关系，使网络成员从单一的竞争关系转化为合作关系，形成互帮互助的合作氛围；最后是网络契约规则，规范各方的权利、义务、责任，并保证每个成员的利益。

二、旅游产业网络的知识活动

Nonaka 认为，网络组织的知识活动应该被理解为一个"有组织的"放大由个体所创造的知识，并且将其结晶为组织知识创造网络的一个部分的过程。这个过程发生在一个广泛的"互动社群"之内，它超越了组织内与组织间的层级和边界的"互动社群"。知识在旅游产业网络内的流动和转换由知识储备、知识获取、知识转移和知识吸收等环节构成。

（一）知识储备

对于旅游业组织来说，理解知识资源的本质非常重要。何谓知识？按照一般理解，是智能体所具有的分析和解决问题的经验、策略、认识和原则；从信息论角度考察，是一类已认识的、可以减少认识不确定性的信息，知识与信息不同之处在于：信息独立于行动和决策，经过处理后可以改变形态，并且独立于环境，可复制，容易转让，而知识与行动和决策密切相关，经过处理后会改变思维，受环境影响，只有通过学习才能转让，而且无法复制。旅游业的知识不仅指数据或信息还包括资产、规划、活动以及实践，其很难拥有或控制，越被使用就产生越多的效益。知识常常在实践中被创造出来。再广义一些，知识还指技术和经验的使用，以此增加信息中的智慧为决策和行动提供可靠的基础，对这一点认识不足也导致旅游业界对知识管理投入甚少。

Polanyi 依据知识的性质把知识分为两类：隐性知识（tacit knowledge）和显性知识（explicit knowledge）。显性知识是指可编码，可用文字、数据、公式、说明书、手册以及数字表达的知识，如数据库、说明书、文档、规章制度等。显性知识可以用形式化的方式来表达，更便于沟通和共享，转移容易，转移的收效也较高，容易"外溢"成公共物品，导致专有性和独特性价值降低，很难形成竞争优势。隐性知识是指依附于个人的，不能被编码，难以清晰化和难以通过正式途径获得的知识，如技术诀窍、印象、个人经验、心智模式、组织惯例等等，组织拥有隐性知识就能获得持续的竞争力和竞争优势。旅游业和旅游目的地有丰富的隐性知识，但由于个人将这种知识看作是竞争力的基础不愿进行分享，所以这些知识经常被忽略，在组织中并不被提及，虽然客观上产生了利润、高服务质量和顾客满意等效果，却很难针对性地管理知识本身及其拥有者。隐性知识的共享需要组织氛围而且是个人的面对面的过程，受到个体在交流能力、意愿等各方面差异的影响比较大，隐性知识的流动也通常借助于社会网络，其中的信任、组群、社会资本以及社区等视角都为隐性知识共享提供了研究途径。对于实现知识共享的策略，Hansen 指出不同的知识需要不同的策略来进行共享，编码化策略有效提高显性知识共享，个人化策略针对隐性知识。事实上，旅游业的那些掌握在业主或职员手中的稀缺的隐性知识是知识创新的重要构成，需要被明确，并进行管理，不然其形成的竞争力是脆弱的。

与隐性知识相比，以文档、数据库和顾客指导等形式存在的显性知识易于转移和编码，总会成为组织兴趣的关注点。显性知识比较容易转移，代表了被阻止分配的，独立于个人的知识资本，而隐性知识与组织文化、学习习惯有密切联系，虽然只占总知识量的10%，但其作用却不容忽视。旅游业尽量将隐性知识转化成显性知识以增强竞争力。Chris Cooper (2008) 认为知识管理要与旅游产业目标相契合，需要清晰识别哪些知识重要，哪些知识无用。对组织或目的地的隐性和显性知识的储备情况的掌握对之后的归类、获取和编码都非常重要，保证了旅游业知识的识别性、相关性和可用性。

编码是知识储备的重要构成，为了知识便于运用、有效传递，在正确的时间到达正确的人员手中，一般分三个阶段，知识管理目标确立、与目标相应的资源确立，对知识进行评估和编码，每个阶段，旨在将冗余和无关的资源祛除。要做好知识管理必须具备数字能力、储存能力、修补取回能力和区别显性知识等四种能力，另外知识管理的技术包括六项：工作流程软件及支持决策程序、群组软件与电子邮件、文件管理数据库、通讯基础建设等等。旅游业将这项技术应用于需求预测和对突发事件的处理方面。尽管编码和传递作用显而易见，而且与旅游业密切相关，但旅游业的研究成果在向实业界的传递过程中被严重忽视了。这受到旅游组织政策和资源分散等因素的制约。

（二）知识获取

在知识获取阶段，要把为旅游企业或旅游目的地提供内外部知识的来源识别出来，将与企业战略目标和商业运作无关的知识过滤出去。内部知识提供一般是高级员工，围绕这一核心群体还有两个重要知识来源操作性知识群体和联络内外知识源的相关组织。外部知识源包括顾客、咨询机构和竞争者。英国航空公司和新加坡航空公司的学习型组织的建立，很好地让组织从外部获得竞争性知识。获取知识过程需要识别商业流程上的知识中心点以及描述个体情况，如此才能找到实现组织目标的知识。这些知识中心所包括的知识从显性向隐性过渡，档案、文件和其他媒介得到的知识显而易见，比较直白，但电子邮件之类当中隐含的知识就不是轻易能显露的。旅游业发生的科技创新依赖显性知识，结果在一定程度上不重视其他隐性知识，给旅游业中对这些隐性知识的获取提出了挑战。

（三）知识转移

知识管理的终极目标是有效地传递和使用知识，以获得竞争力。Nonaka指出知识通过四个途径进行传递：隐性知识到隐性知识，如会面、团队讨论的社会化功能实现；隐性知识到显性知识，如头脑风暴或启发手法将隐性知识外部化；显性到显性，如围绕一个网络从一个组织到另一个组织的转移；显性到隐性，如落实或实践某些显性知识，执行报告并产生新想法。隐性知识与显性知识通过潜移默化、外部明示、汇总组合、内部升华4个互动过程，使得成员间的知识得到共享并促进了成员与组织的知识共享。在SECI模型中，Nonaka&Takeuchi提出知识转移分为四个转化过程：社会化（socialization）、外在化（externalization）、内部化（internalization）和综合化（combination）。在社会化阶段，隐性知识转化隐性知识，外在化则将隐性知识转化为显性知识，而内部化则将显性知识进一步隐性，最后通过综合化把不同的显性知识结合起来。大多数的知识管理要达成的目标是力图实现个人知识组织化和隐性知识显性化，通过这个转化过程，实现知识价值，使其增量。

知识转移的环境要求比较复杂。个体关系特征、组织关系特征、社会网络特征和目标任务特征都会明显地影响旅游业的知识转移。多项研究显示，知识授体和知识受体的关系非常影响知识转移效果，如友好、交融和亲近的关系有利于知识转移，疏远、不能共同理解的关系将消极地影响知识转移。组织间的关系形成了知识转移不可逾越的障碍，采用了更直接的治理方式的组织如战略联盟、连锁经营和特许经营比其他形式更有效地转移知识，同时在地域上的距离业会使沟通和转移成本增加而带来难度。社

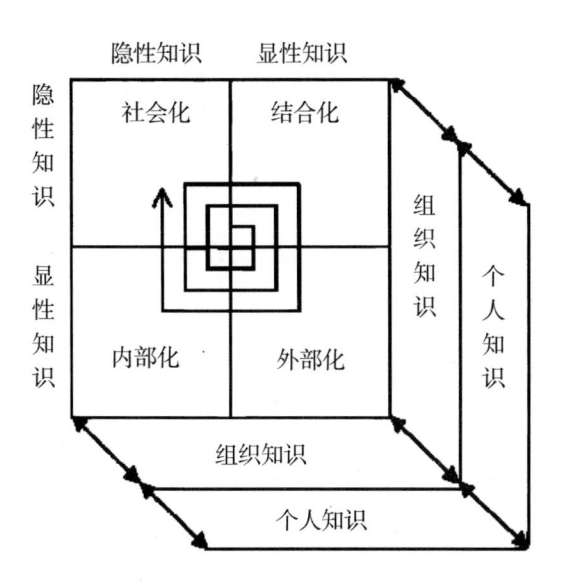

```
                 隐性知识    显性知识
        ┌─────────────┬─────────────┐
    隐   │             │             │
    性   │   社会化    │   结合化    │
    知   │             │             │
    识   ├─────────────┼─────────────┤   组织知识
        │             │             │              个人知识
    显   │   内部化    │   外部化    │
    性   │             │             │
    知   │             │             │
    识   └─────────────┴─────────────┘
                  组织知识
                         个人知识
```

图 5-1　知识的相互转化过程

资料来源：杨开峰. 知识管理 [A]. 北京：中国人民大学出版社，2004，戴维·A·加文. 建立学习型组织 [J]. 哈佛商业评论，1993 (7/8)

会网络也成为影响知识转移的因素，通过嵌入到一个网络中，知识会更容易在组织间进行转移。

旅游业的隐性知识占的比重较大，这一类知识在转移中会表现出很强的黏滞性，依赖环境，容易遇到障碍。例如在旅游产学研的知识网络中就会遇到类似的问题，需要转移的知识中，总是或多或少有一部分难以完成转移，其转移难度高，黏滞性更强，倾向于黏滞在知识者身上，难以转移到知识接受者身上。旅游业中的这一类知识包括服务技能和技巧、企业文化、专用性资产等。知识拥有者向外转移知识的意向较弱，那么就会有更多的黏滞知识出现，越是不信任知识受体，越是不确定在转移知识后对方会按规定给予报酬，越会产生黏滞知识。旅游业的知识容易被模仿，所以知识授体从意愿和不确定角度来看都明显增加了黏滞知识的存在。因此旅游业需要在意识、组织安排、利益机制、发展机制等多方面采取措施促进黏滞知识的成功转移。

　　Hjalager 根据旅游业知识的转移特征提出了一个四渠道模型（如图），四渠道包括：技术性系统，交易系统，法规系统和基础设施系统。其中商业系统中各组织间发生知识转移，基础设施系统中的公园和自然资源管理者非常倾向并接受知识的转移和使用。Tribe（1997）指出，旅游学术界形成的是一个基于学科的高等教育模式，而实践中存在着政府、产业咨询机构建立的另一个知识模式，缺乏许多知识转移的必备条件，并把这比喻成类似大众语言和学术读物之间的差异．说明研究领域与实业领域缺乏沟通和润滑。知识转移是政府推动知识经济政策框架优先考虑的问题，澳大利亚在政府主导鼓励知识转移方面做出了尝试，联邦基金合作可持续旅游研究中心已经将知识管理方法应用于旅游研究之中（Cooper，2003）。研究中心的目标就是进行知识转移，但对于一个旅游研究机构，面临的现实是旅游业极其分散，所以难度很大。研究中心跟踪 1997 年以来的研究项目成果转移、扩散和商业化情况，结果发现知识的编码和转移被项目团队充分理解后就会带来成功的推行，特别是当研究者与业界伙伴在推行项目前就建立共同目标并接受传递中的途径和方式时，效果会更好。关系维度中的信任关系是网络运行的重要保障，旅游业中组织在知识价值链中处于不同的功能环节，因此相互依赖给予对方尊重，是合作成功的基础，保证知识顺利转移。

（四）知识吸收

　　对于吸收能力来说主要是组织对外部信息进行评估、消化和应用的能力。吸收能力是企业竞争优势的重要构成，具有较强的吸收能力有助于克服隐性知识转移困难，并意味着组织具有较强的信息价值识别能力，从而更有利于获得外部信息，是一种在知识的竞争时代关键的动态能力。

　　知识的吸收能力与旅游业发展密切相关。各种组织对输入的反应能力

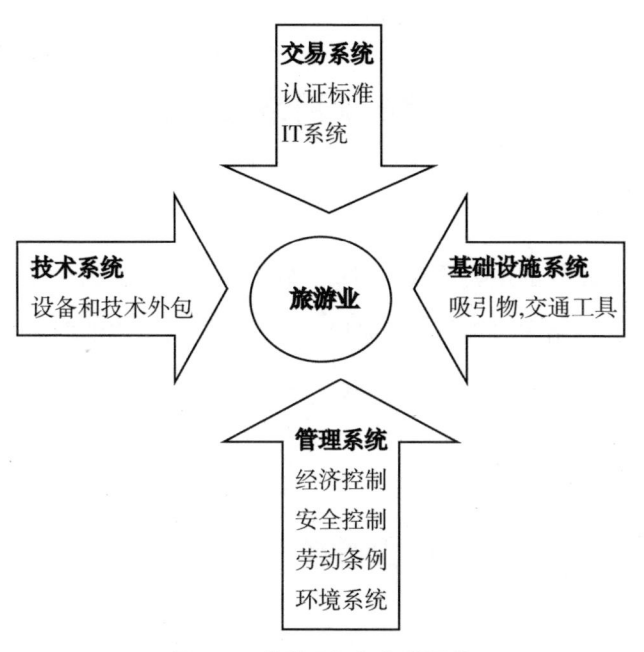

```
           交易系统
           认证标准
           IT系统
             ↓
技术系统  →  旅游业  ←  基础设施系统
设备和技术外包         吸引物,交通工具
             ↑
           管理系统
           经济控制
           安全控制
           劳动条例
           环境系统
```

图 5-2　旅游业知识传递渠道

资料来源：Hjalager 2002　Repairing Innovation Defectiveness in Tourism. Tourism Management 23：465-474

取决于现有的知识拥有情况，储备知识越多对新知识吸收能力越强，当然规模、内部结构和劳动力分配、领导能力和吸收能力这方面的研究还很匮乏。旅游中小企业的知识吸收能力对目的地的竞争力至关重要，与企业的运转密切相关，研究显示纯商业网络比专家和其他介入力量更有效，因为他们倾向于与同行切磋，交流自由。小企业进入联盟、集群或连锁受益颇多，还可以在旅游平台组织实现目标。澳大利亚联邦基金合作可持续旅游研究中心通过知识吸收能力模型确定旅游业中知识转移的组织障碍和助力。

第二节 旅游产业网络知识合作创新

知识机制发挥的主要领域是创新，旅游业超越了直线和链式创新认知模式后进入到网络合作创新认识阶段，需要对网络主体的创新角色进行阐述，并了解在价值和治理的合作创新过程中，知识发挥的作用。

一、旅游业创新认识模式演变

(一) 直线式

线性模型是最早的模型，简单地指出从发明到市场化的全过程，最初的创新模式都是线性模式。线性模式认为，创新的起因与来源是科学，来源于基础研究，只要对科学（通常称上游端）增加投入就是直接增加（下游端）创新的产品，基础科学有长远的根本性的意义，是技术创新的源泉，由基础科学到技术创新，再转化为开发、生产和经济发展的模式。这一模式是一维的线性模式。在它看来，在创新过程中知识的流动很简单，创新的起因和来源是科学，是基础研究，从上游这端增加对科学的投入就将直接增加下游端创新的产出。实际上，技术推动型创新模式和市场拉动型创新模式都属于创新线性模式。过去很长时期里，这种简单的线性模式在人们对创新过程的认识中占据了主导地位。

基础研究→应用性研究→技术发展→产品升级→生产→营销（销售）

图 5-3 直线式创新模式

从根本上说，技术创新的源泉在传统观点看来，主要是由科学技术本身发展的要求所引起和推动的，同时，许多研究表明，市场导向是创新成功的关键要素。市场是创新的起点和终点，市场是创新活动价值实现的载体，同时他也推动着创新思想、创新活动的产生和发展技术、经济和人力。这是直接的和不可避免的。对于旅游业来说，创新是综合技术和服务双重要素的结果，技术创新对研发的依赖这个方法用来解释其他行业如信息产业技术创新引入或扩散到旅游业的过程。

（二）链式

由于创新线性模式忽视了创新过程的开放性、创新各阶段之间的复杂联系及反馈等因素，它逐渐被更加全面的创新系统方法所取代。现在知道，无论在自然科学领域还是在人文科学领域，其中也包括创新过程，都越来越从生产范式向服务范式转变，越来越从线性思维方式向非线性思维过渡。2007年，葛霆等人在研究经济合作与发展组织（OECD）近年相关报告的基础上，总结了国际创新理论的七大进展。文中着重强调了价值实现在创新活动中的本源地位，认为这是衡量创新成败的基本判据。以此为基点，替代线形模式的动态非线性交互创新模式突出了创新的多层次、多环节和多主体参与。科学界进一步反思对技术创新的认识，创新绝不再是从研究到应用的线性链条，从小众到大众的传播过程，是一个在技术与市场中的复合的交互的现象。

（三）网络

从旅游行为本质认识开始，旅游产品是一种"体验商品"，类似于定制化旅游质量由顾客评价形成记忆，比一般的产品和服务有更高的情感要求，受更多因素的影响，同时旅游活动根植于空间移动，每个阶段有周围的吸引物、住宿、娱乐等地点构成，消费包括吃、住、行、游、娱、购多

```
        ┌──────────┐
        │   研究   │
        └──────────┘
         ↑  ↑  ↑  ↑
        ┌──────┐
        │ 知识 │
        └──────┘
```

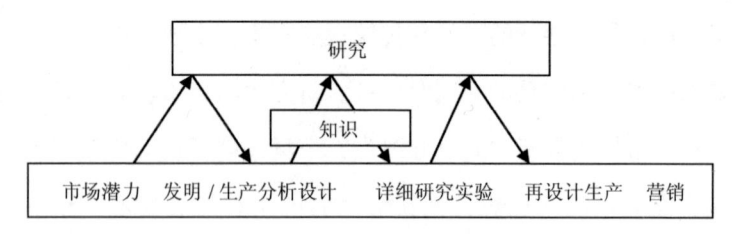

市场潜力 发明/生产分析设计 详细研究实验 再设计生产 营销

图 5-4　链式创新模式

资料来源：Kline Steven J. and Nathan Rosenberg "An Overview of Innovation" in The Positive Sum Strategy：Harnessing Technology for Economic Growth, under the direction of Ralph Landau and Nathan Rosenberg, National Academic Press, Washington, DC, 1986, p. 289

个环节，涉及到多个主体，因此旅游创新既要关注细节也要把握组织内流程和生产方式及组之间合作方式的改进；其次，旅游业是代表性的服务业，具备了服务创新的一切特质，即它是一种概念性和过程性的活动，创新成果表现为无形的概念、过程和标准；最后，旅游业与其他行业一样受产业环境影响，如产业更替为旅游创造新的生存空间，信息技术的渗透重塑其运营模式……这种多样性和复合性的表现实质融合了技术、服务、组织内、跨组织、系统性等多方面的合作创新行为，涉及到组织、网络两个层面：企业层面，也就是 Coriat 所指的组织层面；网络层面，企业个体间存在松散的联系，制度化程度不高，内聚性和先决性不强（deterministic）。

旅游企业层面的创新以服务创新为主，依赖隐性知识的共享，通过员工之间和部门之间相互交流，让知识由个人、部门扩散到企业层面，将具有新意的服务意识和服务技能传授给每个员工，在整体上提高旅游企业的创新能力和工作效率，同时，知识共享将个人的知识资本留在组织内部，降低了由于人员流动而引起的智力资本流失。通过全员的知识共享还可以提高他人那里获得知识的满足感，使他们有动力提供更好的服务，做出更优的决策（Meng, 2009）。

旅游网络层面创新以合作创新为主。旅游业是一个高科技应用较少的行业，创新成果极易被模仿遏制了创新积极性，因此旅游创新的系统性不强，但又不能忽视旅游企业内部创新不足，创新动力主要来自于外界力量，特别是知识的输入。正如 Sundbo 所说，旅游业创新系统制度化程度低，属于松散连接的系统，称之为旅游创新网络更为恰当。旅游创新之所以能突破线性模式、进而突破扩散理论，进入创新时代，取决于知识社会下形成的新环境。首先，信息通信技术的发展和知识网络的形成突破了知识传播传统上的物理瓶颈，旅游企业可以利用知识网络更快捷和方便的共享和传播知识和信息；其次，知识网络的环境最大限度地消除了信息不对称性，使人为构建的知识壁垒和信息壁垒在如今的知识网络下越来越难以为继。网络中的正式和非正式关系传递着物质和非物质资源，通过信息的流通、组织学习、生产和产品开发合作达到合作创新的目的。

合作创新在本书框架结构中不仅指旅游企业间的价值创造合作也指旅游产业网络商业和非商业组织间的政策治理合作创新。通过前文的阐述，我们了解到治理过程和价值创造过程伴随着知识活动，同理，知识被共享吸收后，促进了新的价值和治理合作模式的产生。

两个层面相互之间联系紧密，相互依存：企业是创新活动的根本和核心单元，网络为合作创新提供要素流动路径。企业为网络提供知识源泉和动力，企业间的水平、垂直联系和知识流动是构成创新网络的基本要素，中观层面的创新能力强弱最终是要通过企业个体的创新行为反映出来，只有企业创新能力得到完善，才能更好地建设起富于创新的旅游产业网络。另一方面，创新网络为旅游企业创新提供环境支撑，单独企业的创新都被认为是外部宏观系统的知识输入，企业的创新顺利进行需要通过企业外部投入和协同和支持。在精神层面，企业的创新文化和创新精神都受到所在的区域、产业文化氛围的影响，区域根植性文化将显著影响企业间创新协同的可能和绩效，例如长三角地区作为的旅游资源只占全国的4%但创造的旅游收入达到25%以上，苏浙地区的创新文化起到关键作用，香港地区旅游业的长盛不衰与香港本土文化也是分不开的。

换个角度，同一个创新现象可以从两个视角进行分析，比如旅游电子商务这个新事物，在企业层面来看是技术创新与服务创新的融合产物，在网络层面来看其运行需要整合旅游网络中的各个主体，提供出个性化的合作网络和价值链迎合不同消费者的旅游方案，信息技术扩散对各个原有传统产业的糅合，将各产业要素进行对接，制造出的横向产业。

二、旅游产业网络知识合作主体

(一) 旅游企业

1. 旅游企业

旅游企业在产业网络中是最活跃的成员，它既可以成为知识创制源，也可以是知识应用者。作为知识的创制源，企业在运营过程中沉淀下来的特有知识和不断通过研发创新出的知识都构成其独特的资源。不过旅游企业的研发水平低下，研发对于许多企业还是新鲜事物，即使有所谓的研发也是在旅游的名义下重复过去的"产品研发"的研究（李仲广，2008），旅游企业的知识创新能力还是较弱的。

旅游企业和旅游产业网络两个层面相互之间联系紧密，相互依存：企业是知识活动的根本和核心单元，网络为合作创新提供要素流动路径。企业为网络提供知识源泉和动力，企业间的水平、垂直联系和知识流动是构成知识网络的基本要素，中观层面的创新能力强弱最终是要通过企业个体的创新行为反映出来，只有企业创新能力得到完善，才能更好地建设起富于创新的旅游知识网络。另一方面，旅游业知识网络和目的地系统为企业创新提供环境支撑，单独企业的创新都被认为是外部宏观系统的知识输入，企业的创新顺利进行需要通过企业外部投入和协同、支持。

(1) 旅游企业与旅游企业间的知识往来

在旅游产业网络内每个企业都为实现目标盈利而构建自己的知识网络，每个企业都有自己的资源，但并不相同，但可以互补，独特的关键性资源成为合作的基础。企业在价值创造过程中明确自己在价值链或价值网中的地位，准确定位，确定做什么与不做什么，划定自身的业务范围和活动边界，专注于自己的核心业务，以实现更高效的运作。中心型企业在资源上依赖环境，需要通过与伙伴企业合作共同构建知识网络，伙伴企业是价值网络中不可或缺的组成部分，与焦点企业通过正式或非正式的契约进行联系，它不是简单的配套要素或互补要素的提供者，逐步成为价值创造和收入的主体。焦点企业与伙伴企业之间的连接方式和价值流程构成了不同形态的价值网络，知识合作形态。

（2）旅游企业与顾客间的知识往来

旅游企业与顾客的紧密知识互动可以获得多个机会，如在服务交互中利用、吸收、合作开发顾客知识，边干边学，向顾客学习，对资源的充分利用具有非常重要的意义。不仅可以为企业提供重要资源，而且可以为资源和能力的充分运用寻找到效率最高的方向。企业与顾客建立和知识往来的网络，会形成良性的循环模式。首先，挑选到能够成为合作型客户是前提，需要企业识别出引领市场发展趋势的那部分旅游顾客，他们是企业创新最好的外部知识源泉。其次，顾客对知识转移愿望比较浓厚，乐于与企业建立紧密的合作关系，在逐步和互动中产生信赖，保持和巩固彼此的合作关系。再次，企业顾客积极地参与生产出符合期望的服务和产品，使顾客的满意度增加，随之忠诚度也加深，从而进一步刺激了顾客参与的愿望和动力。在这样一个良性循环的过程中，企业和顾客知识交流和互动使双方都成为受益者，并乐于使这个互动进入到下一循环。

2. 旅游企业员工

旅游企业员工和顾客间一系列的交互作用过程，使旅游企业员工在知识管理中地位和作用有别于制造业企业。由于接待服务业对其顾客出售无形产品和针对个人的服务，核心问题就是如何提供更好的服务。如果员工通过口头或书面分享他们的经验，将提高整个组织的绩效。员工在创新过程中具有独特关键的作用。首先，员工在与顾客的交互作用过程中，能最直接的发现顾客的需求，产生较多的新思想，同时员工还能根据自身的知识和创新经验提供新思想。旅游企业创新主要依赖员工和顾客，创新活动的两阶段性非常明显，先由员工在与顾客实际接触中提出创新思路，后由高层管理者根据公司战略遴选所要实施的创新。因此，促进员工和顾客的交流和激发个人创新热情至关重要，这需要企业建立共同愿景、塑造创新价值观，建立学习型组织和创新团队，营造创新的企业文化。通过这些努力，员工之间和部门之间互相交流，使知识由个人、部门扩散到企业层面，将具有新意的服务意识和服务技能传授给每个员工，才能转化成组织的创新行为和业绩。

（二）顾客

顾客与旅游企业的相对位置是在演变当中的，在20世纪，两者的位置发生了根本性的改变。顾客从原来的生产制造成果的接受者转变为生产制造的参与者和挑选者，顾客与企业一起进行产品创新。顾客是个性化经验的共同开发者，企业和顾客要在培训、促使市场接受等各个方面密切合作，因此说，顾客的知识是旅游企业创新和市场开拓的知识源泉，如果能建立与顾客密切的交流和共享机制，及时了解和掌握顾客知识并能充分收集和利用顾客的知识，企业就能最直接地获得经济效益。

Debra Amidon深入地研究了顾客并在他的《与顾客一起创新》书中这样写道：顾客与创新过程密切相关。他解释道，最大的机会存在于满足顾客和市场的需要而开发的新产品和服务中。实现这个目的意味着需要超越纯粹的商业关系，而转向密切的对话和完全合作，随着关系通过这些转化进一步的发展，超越市场研究，开发出双向的顾客知识渠道，更深层次的知识得以共享和创造，从而获得了新的更广阔的价值来源。

顾客参与旅游价值创新过程会获得服务质量和相关知识，并在这个过程中满足社会需求和好奇心。可见，顾客参与程度越高，顾客的知识转移程度也越高，参与程度越高，投入的知识也越多。互动关系强度对获取多样化信息会产生影响。强关系可以增强信任，并减少抵制，顾客将更有动力提供投入。Zhang等（2007）发现，顾客互动的三个维度与知识转移呈正相关关系。三个维度是顾客联合生产、顾客接触和顾客定制化，反映了顾客参与的程度。此外，顾客参与也降低了转移的不确定性，有利于充分利用顾客资源。顾客参与有助于降低信息黏性，从而促进知识转移。可见，顾客参与是降低信息黏性，从而促进知识转移的有效方式。

（三）旅游高校

随着产业网络成为知识经济中的重要组织形式，从人才培养、知识传播到科研工作直到将创新成果转移，旅游高校在其中的节点作用得到越来越大程度上的发挥。产业网络的发展需要旅游高校在人才培养理念上转变教育观念，营造竞争与合作的机制，出台多规格的人才培养模式。在教学方面创新为主体的改革也分布在各个环节。首先，知识管理是在外界环境不确定性增强，强调创新获得竞争优势的背景下提出的战略选择，要求管理者具备创新意识和素质，并将知识的扩散、共享、吸收和创造贯彻到日常的管理当中。在教学过程中知识管理的内容被逐渐补充进旅游经济学课程中，使学生具备知识管理的理念，掌握知识管理相关的内容。由于知识共享效果依赖于组织氛围和企业文化，需要人员具备合作精神和相互信任的基础，因此旅游高校在教学中着重培养学生的协作、沟通的能力，运用 MBA 的拓展训练中的一些方法，加强学生团队意识和凝聚力，启发他们在以后的工作中具备这方面的素质。其次，旅游业中的显性知识容易被编码和数字化，但需要建立相关的知识库，教师搜集、整理旅游组织、研究机构、代表企业的发布的信息、成果和动态，及时向学生传授，达到虽然身在课堂但视野覆盖全行业。旅游业是典型的服务行业，具有战略作用的知识多数属于隐性知识，因此这种形态的知识传递途径有别于显性知识，比如服务技能和经验传授要靠干中学和师徒制的方式，不是课堂书本能够解决的。因此，旅游专业学生的培训和实习环节异常重要。社会网络蕴藏的社会资本对信息和知识的获取有极大的帮助，因此，旅游高校特别是专科层次的教育机构应与行业建立紧密的联系，获得更及时和全面的动态信息，不仅使教学的起点贴近实践，也塑造了自身的竞争优势。鼓励教师兼任行业内职务，并聘请业内专家任教或做讲座。目前欧洲发达国家在旅游目的地建立知识联盟，在这个组织中产、学、研以及当地居民相互沟通，商议对策，为旅游目的地可持续发展特别是治理目的地衰退出谋划策。

在培养人才理念和教学改革之外旅游高校发挥好知识传播咨询与创新的功能。借助于合作交流的平台，为企业收集、整理旅游业前沿的创新信息及行业发展动态，为地方或区域旅游产业创新网络提供多类型、多载体的科学技术资源体系，扮演好咨询智囊的角色，将基础研究成果及时转化成创新成果和绩效，推动创新网络向高级层面演化。

(四) 旅游研究机构

旅游产业网络中的研究机构是在国家和地方政府资助基础上成立的旅游研究组织，包括国家、地方和行业层面上的，集中了充足的资金和优秀人才，担负着重要的管理职能和教育职能，同时代表所在级别的行政部门对外开展交流合作，起到知识创新、传播和转移的作用。

旅游研究机构正日益成为促进旅游产业发展和国际交流的政府智库、业界智囊和学术高地，开展影响旅游业发展的基础理论、政策和重点、难点问题的研究，参与旅游发展规划的研究、编制和论证工作，承担旅游领域的高层次人才培养、专业人才培训和国际国内学术交流工作。同时旅游研究机构还可以为目的地商业社区和政府提供创新思路，提供点子，挖掘和设计出符合当地旅游特色，兼顾环境、经济和社会可持续发展的旅游创新之路。在与商业企业沟通时借助多种途径（研讨会、发布会，手册、报告、飞页，互联网信息服务，培训课程、课程班或项目，国际咨询服务机构等）传递学术界的研究成果，宣传新的学术理念和实际应用价值，弥合旅游业学术界和实业界在知识领域的鸿沟。旅游研究机构与其他多家研究机构和大学联合后形成的知识联盟，使知识的交流更加容易落地生根，具有较强的应用性和执行力。从目前进行了 Lifestyle 计划等学习型目的地建设成果来看，旅游研究机构是不可或缺和替代的网络组织。

澳大利亚可持续发展旅游研究中心具有很强的代表性，其隶属于澳大利亚政府合作研究中心，目前成为世界范围内的最全面的旅游研究机构，旨在研究澳大利亚旅游业的内部动态竞争及可持续发展情况。它广泛地与多部门多行业建立联系，研究澳大利亚旅游面临的战略挑战，撰写报告、提供信息以及解决方案与政策建议，帮助旅游业提高知识性、创造性和竞争力。研究中心的愿景为目的地商业社区和政府提供创新思路，最终达到旅游业的环境、经济和社会可持续发展。

(五) 旅游中介组织

旅游中介组织是沟通知识流动，尤其是科研部门与中小企业间知识流动的一个重要环节。各国都把这种中介机构的建设看作是政府推动知识和技术扩散的重要途径。值得指出的是，网络组织是一个以市场为基础的资源配置系统，因为在确定从事什么创新、是什么时候进行创新以及什么方式创新、给创新者以什么样的回报时，市场机制能为之提供信号，驱使企业在一定时期从事某种创新，这种信息不是随便能计划或规划的，不是个别政府官员能预测的，不是行政的方式能够及时作出反应的。只有处在市场竞争中的企业能够做到。但由于创新过程内在的不确定性和市场的不确定性、权益分配的不确定性和政策环境的不确定性，以及市场机制在激励创新中的不完善，从而需要政府的一定程度的干预，需要政府负担其应负的责任并对相关的各项事务发挥重要影响。

1. 行业协会

旅游企业以中小规模为主，分散而且竞争又激烈，非常需要一个组织来协调企业之间的关系，并能向政府反映和申诉自己的意见，政府也需要一个组织能将自己的声音传到广大企业中。行业协会正是在这种迫切的要求下出现的。行业协会介于政府、企业之间，商品生产业与经营者之间，并为其服务、咨询、沟通、监督、公正、自律、协调的社会中介组织。行业协会是一种民间性组织，又称非政府组织，它不属于政府的管理机构系列，它是政府与企业的桥梁和纽带。以中国饭店业协会为例，它是中国境内的饭店和地方饭店协会、饭店管理公司、饭店用品供应厂商等相关单位，按照平等自愿的原则结成的全国性的行业协会。中国旅游饭店业协会为会员服务体现在：通过对行业数据进行科学统计和分析；对行业发展现状和趋势做出判断和预测，引导和规范市场；组织饭店专业研讨、培训及考察；开展与海外相关协会的交流与合作；利用中国旅游饭店网和协会会刊《中国旅游饭店》向会员提供快捷资讯，为饭店提供专业咨询服务。

2. 平台型中介组织

旅游业的边界不断在延伸，使得旅游业知识网络的构成也越来越多元化，因此分离出一些专业性的平台机构，为旅游企业和政府部门做专业的咨询，其实质就是搜寻和整合各方面的旅游业发展的相关知识，提供给需要的主体，由于其专业性较强，具有促进交流的功能，因此称为平台组织。

　　成立于 2005 年的上海工业旅游促进中心具有平台性，中心是一个非营利性社会组织，是配合政府提升上海产业结构和提供优先发展先进制造业的战略思路，挖掘和整合上海工业旅游资源，努力打造上海国际大都市旅游产品的专业服务机构。其主要的职能是：结合上海都市旅游发展目标，研究上海工业旅游发展战略，制定上海工业旅游发展规划；整合上海工业旅游资源，制定上海工业旅游示范点（等级）评定标准，开展上海工业旅游遗产的保护工作；策划上海工业旅游产品，打造工业旅游精品线路，培育工业旅游和企业品牌；制定工业旅游服务质量标准，开展工业旅游领域的专业培训，规范和提高工业旅游服务质量；组织开展国内外工业旅游企业的交流与合作，开发上海工业旅游市场，形成上海工业旅游发展的合力；配合政府、行业协会及企业做好工业旅游发展的各项推进工作，促进工业旅游项目社会效益、经济效益、形象效益的统一；实施工业旅游网站的建设，加速上海工业旅游发展的国际化信息化进程。上海工业促进会在运转的过程中发挥了平台效应，成为一个多边组织。

（六）政府

　　产业网络中的政府在促进创新和知识流动中起到越来越重要的作用。经济全球化和高新技术产业发展逐渐主导全球经济结构的调整，各国从旅游业的长远竞争力的发展出发，制定本国旅游产业发展战略，争取在全球化竞争中占据有利位置。如 2008 年北欧五国联合进行了本地区旅游创新情况研究，并汇集成了一份分量十足的研究报告。这份报告中强化了政府的作用，为企业与其他主体获取知识资源和合作创新提供良好的宏观政策环境。需要指出的是，构建企业网络的外部环境，主要是各级政府从体制上、机制上解决好科技与经济结合的问题。政府承担的是有限责任、有限权力而不是无限责任、无限权力，政府的职能定位是纠正系统失效和市场失效，发挥协调效应。具体如下：

　　（1）创新规划的实施。旅游业以中小企业构成为主，依赖大企业主导的模式不常见，主要是以政府政策推动进行行业创新和发展，因此创新网络的构建与运行需要政府制定明确的创新发展规划，从产业和社会发展的全局对创新进行指导和调控。从地方到中央对旅游业制定中长期创新战略，不仅在发展模式上从粗放过渡到集约，更重要在理念上加强旅游业的创新意识，培育了创新环境和氛围。(2) 创新主体的协调与集成。在旅游产业网络中各主体之间能否实现资源共享、优势互补及集成和协调作用，关键要看其倡导和协调作用的政府。旅游企业是市场机制下，创新活动注入、产出和成果分配的主体，科研机构和大学从事旅游人才培养和知识创新，公益型组织在目的地起到创新推广和监督可持续发展的作用，中介机构则提供各种咨询、金融等服务。政府在这些行为主体之中推动产学研结合，推广创新成果，促进国家交流与合作以及人才的流动，使各主体在工作目标和职能上协调一致。譬如某些国家强干预旅游业，美国"弱干预"旅游业，市场机制配置资源，政府提供税收和知识产权保护，高校人才培养与市场紧密结合。我国属于强干预国家，政府对产业创新活动具有积极、主导性的引导和扶持作用。(3) 创新资源的供给与配置。虽然旅游业的创新水平不高，而且多集中在服务和社会行为环节，但对旅游行为和产业运行的基础性研究特别是实证研究对夯实企业的创新根基，提高创新信心，以及政府创新政策的准确制定都具有非常重要的作用。这些研究需要大量的资金、人力投入和基础设施的使用，在目前旅游企业研发投入水平低、动力不足的情况下，政府首先通过财政拨款、科研经费投入等方式，保证创新资金的供给。带动知识在全行业范围内的传播与应用。成立不久的国家旅游研究院连续两年推出旅游科研项目招标活动，鼓励创新型研究，并进行资金扶助。此外上海旅游管理局率先在全国旅游主管部门中以政府身份推动基础研究及其应用项目研究，说明我国越来越重视政府的在旅游创新方面的资源供给。(4) 创新需求的扶持与鼓励。政府通过采购，扶持和鼓励创新产品和服务在全社会范围内的需求。例如在政府活动举办场所的选择上，那些符合绿色理念，低碳经营模式与环境有好的场馆成为首选，就是一种很重要的激励手段，鼓励了在创新方面投入的旅游企业，同时对创新需求起到示范和带动作用。虽然某种程度上是一种实验性的行为，但其推广和号召力是其他行为主体所达不到的。

三、旅游产业网络知识合作形式

（一）目的地网络

在目的地产业网络中，为实现创新战略目标，企业与旅游发展的利益相关者形成知识联盟，确定学习目标，进行知识积累，随着信任关系的支撑，形成了交互学习的氛围，成员之间建立了另一层的关系即学习关系，盟主对知识链的管理朝着更有利于目的地创新和可持续发展的方向发展。Alison（2004）指出旅游网络中学术机构、企业和公共部门之间的跨组织学习和知识交流是旅游网络的核心问题，并认为旅游目的地应该成为"学习社群"（learning community）。目前芬兰、丹麦和瑞士等已经着手构建目的地网络多元主体相互沟通的平台，力图通过网络治理推动当地旅游业发展。目的地网络知识共享另一个目标就是通过目的地产业网络的成员合作，在旅游产品、服务和流程层面创新，开辟新的市场，延长目的地的生命周期，英国的"Lifestyle"计划，意在旅游相关主体的联合创新，使英国海滨度假地走出衰退的阴影。

旅游目的地通过价值网络实现企业与企业之间的知识共享，从而达到获取知识和创新知识，以有效改善企业运行绩效为目的，取得双赢或多赢。网络成为企业与竞争者和合作者信息和知识传递的渠道，企业间流程得到优化，合作开发出更具创新意味的旅游产品。知识创新的过程表现出群体连接的性质，即网络性，而知识共享也具有非正式性，即社会属性，而且旅游网络嵌入到社会网络之中，因而，社会网络理论及其研究工具为旅游网络的知识共享研究提供有了有力的依据。社会网络分析法认为组织间学习和知识共享效果受网络成员之间的互动及其所处网络结构位置的影响，要考虑一系列要素构成的几何及这些要素之间的关系，要素被称为"点"（node）关系被称为"线"（line）。一般称由一条线连着的点是相互邻接的，与某个特定点相邻的那些点成为该点的

"邻域"，邻域中的总点数成为度数。某个点的度数占所有关系的比例，就是点的中心密度（density），表示点的中心性，而描述图的整体凝聚度和整合力用"中心势"（centralization）。点的位置对知识的流动及在网络中创新的作用各有不同。中心密度大的点汇集的信息和资源优于密度小的点，与邻域的点互动渠道较多，形成小集团（clique），有利于隐性知识的转移和共享，当然由此产生的创新相对频繁，当然，小集团的高密度结构虽在很大程度上延缓知识外泄，也不利于外部知识的流入，创新后劲不足。而在密度较小的网络结构中，显性知识比隐性知识容易流动，相对开放，交换的广度和范围要大，有利于形成显性知识为主导的合作创新。网络活动将带来内部学习和外部学习，在网络中会员之间相互交流，参与网络活动为中小企业提供了同市场协议无法达到的了解内部能力或竞争力的机会，以及更多的组织学习机会，而且网络具有很大的促进网络成员组织学习的潜能。

（二）产学研网络

旅游产学研知识网络是为了实现创新战略目标，为了共享知识，加强知识流动和交流新知识，旅游企业与大学、研究机构之间形成的网络组合。目前，旅游教育面临多重挑战，需要进行大幅度创新。旅游教育要面向和服务于旅游产业，具有职业特色，培养应用型人才，关键在于产学研合作模式及其知识转化与共享的效果，只有这样才能解决困扰旅游发展的一些老问题，如人员频繁流动给企业带来的损失，旅游教学与实践脱节等等。目前对合作模式研究的文献已经相当充足，但如何取得企业内部知识共享和产学之间知识转移和共享的良好效果还要深入研究相关的细节问题，否则会出现"年年谈年年没有什么进展"的窘况。以契约为基础的产学研知识网络，旅游专业的教师到旅游企业兼职，提供咨询、授课，旅游企业人员特别是中高层领导到大学兼职授课，或作为培训和家属服务的咨询专家，共同进行课题研究和教学创新。这种知识网络具有松散型的特点，目的在于达到共赢目的。以共建实体方式形成知识联盟，旅游企业、旅游高校和研究机构共同性间实体，是作为研究中心、实习基地和商业盈利等多种功能于一身的实体。

1. 产学研知识网络具备的特征

（1）组织间学习和创造知识是中心目标

知识网络的构建是基于知识核能力的互补，一方具有的能力和资源是另一方所缺乏或不擅长的，旅游院校和研究机构具有知识和技术优势，有了相当丰富的基础知识，但缺乏对市场的判断和把握能力，企业在知识和技术上明显不足，但具有商业化能力的长处。知识网络的共享使每个成员从中获益，企业学习和吸收大学的先进理念和规范的研究模式，大学更多地了解行业的发展情况，特别对旅游业来讲，课堂的教学和科研紧跟市场的变化和需求显得非常重要，有利于学校和研究机构创新知识更好地理解市场和本学科。只有成员间知识水平具有协调性和互补性，才能为组织间的合作和高效运转提供前提。

（2）企业与大学研究机构之间要密切合作

产学研网络涉及到知识创新的全过程，相互之间的沟通和知识的传递和吸收是一个连续不断的过程，在彼此交流互补知识的过程中需要不停进行修正和创新，因此要求人员在一起工作，地理上临近、文化上相容、信息上共享，只有建立在这之上的频繁交流才能形成新的知识。产学研这一战略性网络组织是一个目标明确、形式合理的合作模式。密切地交流非常有利于隐性知识的交流，对旅游业来说，这个非常突出，因为旅游业的知识构成以隐性知识为主。

（3）知识的流动与共享是知识联盟的关键

产学研网络的核心目标在于创新，创新源于知识的流动和共享，只有知识在网络内充分地被分享，组织间进行充分的交互学习，才能在每个组织内部发出新的思维方式或理念，从而启发创新。为了适应多变的市场需求，产学研知识网络要加快知识传播的速度和频率，使新观念、新思想迅速地传导到每个网络成员组织中，激发出相应的创意和新思路。

2. 产学研知识网络的四维度分析

产学研的基本行为主体是企业、高校、科研机构，以政府、中介机构等相关联合体所营造的良好政策环境和合作关系为运作背景的一种创新组织模式。产学研网络中的知识构成需要从四个层面认识：

知识层面。产学研网络中知识的组成极其复杂，区分不同类型的知识及其储备，是研究其网络的起点。存在大量丰富的通过长期旅游服务时间和研究积累的，蕴含在员工、专家、教师体内的个人知识，也有经过时间积累和沉淀下来的文化、制度、学习能力等组织知识；有构成核心竞争力的隐性知识也有较容易共享的显性知识，有构成知识创新单一过程第一步的事实知识，也有提示知识创新关注的逻辑和要素关系的原理知识；有包含自然科学或技术的技术性知识，也有用来整合不同的活动、能力于一体，达到某个目标的管理知识。总之，产学研网络中流通着各种知识，网络制度安排和相关活动应围绕着这些知识的传递和共享来进行。

认知层面。产学研三方在知识源上是高度互补的。企业具有生产运作能力和企业家资源，高校拥有基础性研究和高素质人才培养经验，科研机构应用性开发能力强，各方都拥有对方发展和生存所需要的资源，促使他们行政利益共同体，相互依赖、共享成果、合作共赢。同时，各自所处的行业背景不同，文化差异表现得比较明显，如在组织文化层面的物质层面上，业务活动、员工行为和组织形象都各有不同，在制度层面上，各自的组织规章、行为准则、道德规范也存在差异，以知识传递和共享的路径为例，企业中多关注产业链通道或内部垂直路径，高校和科研机构强调平向分享。在精神层面，产学研三方具有高度的契合，都致力于打造共同的组织愿景、突出核心价值观，是所有网络成员在追求相同目标的情况下，保留个性，共同发展。

关系层面。在产学研网络中通过互动会建立起来一种具体的关系，包括信任和可信度、义务和期望等等，其中信任对网络扩展、延续以及组织间知识转移和共享具有非常关键的作用（Dodgson，1993）。旅游企业、高校和科研机构在知识网络中处于不同的功能缓解，能够给予相互依赖和尊重，由此形成的信任不仅是合作成功的基础也有效地抑制机会主义行为，保证网络运作顺利。特别是知识共享，信任的意义是非同一般的，这是网络合作的核心意义所在。

结构层面。在以上三个层面的共同作用下，直接影响了产学研网络的组织结构，如网络三方成员的角色定位、强弱关系、网络中心性、网络层次性、网络密度以及结构洞和信息桥等结构特征。例如点的位置对知识的流动及在网络中创新的作用各有不同。中心密度大的点汇集的信息和资源优于密度小的点，与邻域的点互动渠道较多，形成小集团（clique），有利于隐性知识的转移和共享，当然由此产生的创新相对频繁，当然，小集团的高密度结构虽在很大程度上延缓知识外泄，也不利于外部知识的流入，创新后劲不足。而在密度较小的网络结构中，显性知识比隐性知识容易流动，相对开放，交换的广度和范围要大，有利于形成显性知识为主导的合作创新。

从以上分析可以看出，产学研知识共享能否达到预期效果需要从多方面努力，首先对网络各方知识的储备情况有清楚的认知，重点关注和获取那些有重大创新价值的知识，网络的制度安排应围绕这个中心，为其顺利地在网络内传递共享做好准备。同时产学研各方寻求各方在组织精神层面的一致性，实现高水平、高质量的认知和共识，这样才能产生凝聚力，稳固网络合作的长久性。信任对于旅游业松散的创新网络至关重要，使复杂的知识交易顺利进行，因此，制定和倡导对机会主义的惩罚机制，加强公开和经常性，以维持专有投资，建设高水平信任关系。最后，对网络结构设计更具科学性，避免出现不利于知识传递和共享的结构，使信息高效地在网络内被分享。

旅游业对知识管理反应非常冷淡，与科研机构和教育机构的沟通非常少，但相关的产研结合模式研究已经很多年，却没有解决最基本的一个问题，就是旅游企业为什么没有这种沟通的动力和意愿。产学研的各个主体都属于旅游网络的一部分，跨组织的知识转移受到多因素的影响，关系背景、距离背景、动机、路径等等，其中每个环节都影响科研成果的转化和教学的实践效果。总之，从知识管理角度进入会给一些老命题提出新的更丰富的解决途径，成为一个旅游合作创新研究的新领域。

第三节 旅游价值和治理过程的知识合作创新

一、旅游产业网络价值创造过程的知识活动

（一）价值网络的知识特征

知识正在成为价值创造的最大推动力，知识的协同程度和创新能力是价值创造最重要的影响因素。知识是价值的源头，价值是最终取得的成果，知识管理融入到价值创造过程中。价值创造需要知识网络的匹配，价值网络需要主体间的知识传递越来越便捷，使主体间的交易成本大大降低，从而使原本难以联系或相互竞争的组织得以组成同盟。在价值网络中，当有关组织掌握的知识有多种用途或其需要的资源存在多种选择时，网络知识共享程度、传递速度和质量极大地影响着价值创造活动的进行。另外，知识本身就可以参与或帮助人们进行价值创造，掌握了信息、信息配置方式及信息处理技术，在很大程度上就掌握了控制价值网络的主动权。为了保证价值创造活动在价值网络中有效运行，制度与规则对知识联系的规定，有助于知识作用的发挥。旅游价值网络中创造价值的过程可以分解为一系列的旅游增值活动，这些活动构成了旅游产业价值体系，每一个旅游产业网络成员成为这个价值网络中的一个增值环节，如果相应的环节发生脱节，就会产生旅游企业价值创造的负面效应。

在价值创新过程中，知识也扮演着重要角色。熊彼特创新理论认为企业是一个封闭系统且创新是内部关系作用的结果，组织变量是企业创新能力的关键影响因素，如组织结构设计、部门及业务单元之间的合作等，企业内部信息流动和分配、知识创造模式等成为研究重点。另一方面，制度创新学派认为创新是不同组织相互的作用，而不只是企业单独运行的结果，强调主体多样性和互动性，注重系统化研究。以国家创新系统理论为

例，创新研究不是一个简单的线性过程，它是企业与企业外部的研发机构、高等院校及其他企业互相作用的结果，不仅如此，政府、金融、法律、文化等因素也都是影响创新的重要变量，需要从系统整合的角度出发考虑创新效率。

(二) 价值网络各组织形态的知识活动

1. 旅游业集群的知识活动

(1) 知识协同共生

旅游业集群中的个体相互之间独立存在，但存在着多种或紧密或松散的合作关联，其知识共生性显著，知识在个体之间以不同形式相互影响、传播、协同共存与集群组织中，推动集群的创新活动。游客和集群间通过市场需求相互联系，游客传递出的是需求的产品和服务知识，提供了市场指导和创新方向。合作者之间的互补性支持相互支持，为集群企业拓展了研发方向和路径。旅游企业多以中小企业为主，共生群生是其重要的特征，特别在地理区域上具有集聚性，更加强了个体之间的紧密结合和功能互补。

(2) 知识资源共享

创新资源不足一直是困扰旅游中小企业的一个重要因素，相互之间聚集在一起可以实现资源共享、优势互补，克服创新资源不足的短板。集群作为一个网络知识基础平台可以提高知识和信息的流动和共享，吸引各类人才的加入，为创新提供人力资源支持。此外，共同的交通、通讯和试验等基础设施的公用，降低了成本，直接促进了创新效果的增长。

(3) 知识网络扩散

旅游企业集团是以产业关联为基础，在区域上靠近为特征，设施配套、机构完善作为支撑条件，同时文化融合为交流奠定了软背景，这些都有利于知识在集群内扩散。区域内的联系属于强联系，知识扩散的障碍和阻力相对较小，扩散的程度和广度也较深入，这是一般组织间知识扩散所达不到的水平。集群内的知识扩散可以发生在旅游子产业内也可以发生在子产业间，可以发生在企业间，也可以发生在企业与其他组织间，知识外溢促进了创新等外部化效应，刺激集群规模扩大、多样性增加和创新的形成。集群内也有激烈的竞争，个体都保持着足够的灵敏和活力，加速了知识在其中的传播速度和广度，每个企业都是在竞争中壮大成长，使集群内始终保持创新的活力。

（4）人力资源内生

在旅游集群内，发达的社会网络关系和频繁的人员流动为企业提供了所需的人力资源成长外部环境，集群内部知识的获取是通过员工的非正式的干中学、用中学所积累的，人才从频繁正式和非正式的互动和交流（会议、论坛、期刊、社会关系、展览等）中逐步成长，获取了技术、资本、资源平台，个体学习曲线发生变动，而且经验曲线中的获取成本在集群内的学习处于最低状态，这些都为人才的储备提供了宽松的环境和良好的土壤。

旅游集群为旅游企业的知识管理营造了外部环境。集群中存在的供应链合作关系和其他松散联系交错作用，为企业创造了知识管理的集群环境。集群中知识可以高效地转化，得到共享并进行扩散，提升和优化了企业的知识管理能力。企业在集群中不仅是知识的提供者还是知识的受益者，其行为结果都是增加了集群中知识的储量。旅游中小企业集群的一个显著特征是具有集聚性，相同或相近产业之间的知识扩散会较容易起到效果，较为容易地被吸收和消化，避免了一些知识管理的盲目行为。

2. 旅游战略联盟的知识活动

在国内、国际市场日益扩大化和自由化的背景下，传统以产业链为主要纽带的战略联盟不断被弱化，人们越来越意识到战略联盟的形成更多依赖于知识的创造、使用和保护。从知识网络角度考虑战略联盟问题被看成是面向21世纪的新型管理模式。随着旅游业核心要素从传统旅游资源向知识资源过渡，从知识角度考察旅游业战略联盟也成为新的领域。战略联盟具有以下知识特征：

（1）知识分布不均衡产生战略联盟

由于旅游产业网络系统组合的不均衡，企业间的知识分布也随之处于不均衡分布状态，表现在知识为基础的技术能力、组织管理能力和驾驭市场的能力，每个旅游相关企业和组织在这三方面具有不同的能力，促成了战略联盟的建立。战略联盟的建立从知识视角看是建立了企业间知识战略互补的关系，战略联盟目的在于获得伙伴的竞争优势，同时将获得的某类型知识进行内化，通过整合获取大量根植于伙伴内的智力资产和知识，构筑自身的竞争优势，促进旅游新产品和服务的开发和创新。

（2）知识网络促使战略联盟成功运作

以往的研究表明企业形成联盟的伙伴关系是为了获得组织学习的机会。在越来越多的案例中，旅游企业在选择联盟伙伴时，更重要的是考虑双方知识学习的能力。学习理论认为，战略联盟是解决隐性知识、经验型知识转移的有效途径和组织设计，战略联盟形成了一个便于知识分享的动态的较为宽松的组织环境，经验分享、参观访问等学习活动都可以有效地进行，也可以得到较高效率的移植，被联盟企业分享和掌握，进而真正达到企业间合作的目的。学习不仅是产生联盟的重要原因，也是联盟获得成功的一个重要因素。战略联盟的重要性和意义在于，企业作为一个学习型组织，可以通过内部的"干中学""用中学"以及联盟的"从相互作用中学习""产业间外溢"等基本的学习途径不断提高进而达到增强企业竞争优势，改善企业整体经营效率的目标。

3. 旅游虚拟企业的知识活动

作为经济全球化和信息技术快速发展的产物，虚拟企业实质上是以互联网为基础，将不同企业拥有的知识优势进行联合的一种知识共享的临时性知识联盟。互联网是物质支撑，其快捷、灵活、移动等特性形成了虚拟企业低成本交易的组织形态。网络交流的知识为代表的核心竞争力，在联盟体范畴内，每个企业都具有其他不可比拟的知识优势。知识联盟形成的核心目的是知识共享后进行创新。

Web2.0为旅游业构建虚拟企业搭建了技术平台，构建了知识共享的系统框架。Web2.0体现了旅游信息技术、旅游信息的运用者和旅游信息资源的交互属性，鼓励旅游者与旅游者、旅游生产商与旅游者、旅游生产商和旅游生产商之间在这个平台上的合作和交流，成为旅游相关知识集成、应用、交流的空间。这一技术方便虚拟组织一对一、一对多以及多对多的交流需求，有利于知识在虚拟组织内点对点的流动，同时形成了旅游知识共享的氛围和平台，鼓励主动发现和贡献知识，建立尊重知识的文化，促进特别是隐性知识的交流效率。

Web2.0系统（如图5-5）功能反映在知识环境、知识集市、知识共享和知识主管等几个方面。虚拟企业战略、文化等方面推进知识共享在虚拟企业中实施，形成知识交流的气氛和文化，促使每个成员企业有效进行"干中学""虚拟团队学习"和"分布学习"。Blog、Wiki、SNS、IM等技术工具为虚拟企业知识组织和知识关系确立提供了有力保障，保证访问最佳的实践资源。

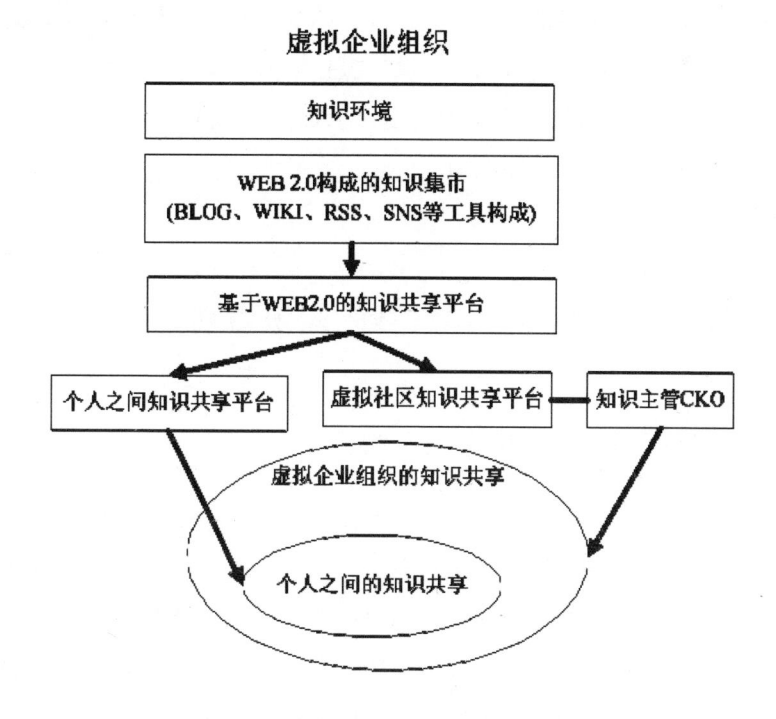

图 5-5　基于 Web2.0 的虚拟企业知识共享系统

以经济型酒店 7 天为例，企业通过与信息技术高度契合，建立了一个类似虚拟企业的网络化柔性化的网络组织。与以往先建实体再建信息平台系统，7 天酒店先建立 Web2.0 为代表的信息平台，然后根据平台调整实体经济的资源分配的模式，信息系统先行，不只是实体的补充与支持，而是灵魂，担负着引导、吸引消费者直接与酒店互动的核心使命，这样就保证了酒店的惊人扩张。有了统一的信息平台和标准化管理，消费者在进行搜索、预定、确认、支付等一系列行为时，就不至于因工作流程延长或信息不对称而造成本上升。强大的信息系统支撑了经济型酒店"放羊式"管理，给予店长更大的财务权利，充分地调动了其企业家精神，推动公司整体效益提升。另一方面完备的信息系统还可以在很大程度上取代呼叫中心，节约了人力开支，将实惠给予顾客，取得价格竞争优势。公开透明的BBS也给企业内部知识共享和企业与顾客的知识共享提供了自由的环境，不仅使企业管理者和员工最真实地了解市场需求，更具有竞争力的是新业态应用互联网衍生出的多种盈利模式，如SNS社区，聚集人气实现商业气氛，顺利实现与顾客的沟通与互动，直接嵌入到顾客的生活环节，形成其生活环境的组成部分。从营销角度看从品牌影响到心灵，让顾客形成习惯，建立持久竞争力和影响力。

二、旅游产业网络治理过程的知识活动

（一）网络治理中的学习行为

旅游产业网络治理过程中需要各结构体协同互动，治理目标的实现程度也随着协同互动的逐步升级而提高。其中互动学习是一个重要内容，学习不仅揭示出各结构体协同互动的内在规律，也有助于提高公共政策效力的途径，解决旅游产业网络治理中政府、私营部门和第三方部门之间信息的不对称性、政府决策的不科学、合作体制的不顺畅等问题。就其内容来说，包括网络内的相互之间的行为学习、相互的价值学习和相互的规范学习。在旅游政策网络中，迂回、复杂和动态的学习并不同于以往的单向学习，它是由各种通路和回路构成的全方位、交互的、立体向度的网状结构，这就"预示着政府在推行公共政策过程中既要避免单向的控制机制，又要充分注重政策效果反馈的回路；既要承担起领导、协调的关键角色，

又要重视与社会网络组织建构合作和交流机制"。

1. 行为学习

行为学习是指通过交流和互动发现旅游产业网络中各主体行为背后的利益要求。在本书的第四章，笔者列出了旅游产业网络的利益图谱，以政策网络为途径的治理需要了解和学习每一个结构体的利益诉求，因为每一个结构体都有自己的利益要求，有时旅游开发和发展所涉及的不同主体之间的利益要求存在着很大的差异，甚至是矛盾的，不相容的。在我们的研究中发现旅游危机化解、旅游扶贫开发和目的地复兴等项目中，时常会发生利益差异，所以进行治理及其创新首先需要对每一方所持有的利益要求进行了解和认识，经过这样一个学习过程，才能达到对其他主体利益要求逐步认可，对自己利益要求进行逐步调整的目的。旅游产业网络中的各个主体根据居民、企业、政府等主体的利益要求，对分别对自己的利益要求进行修正，以缩小各主体之间在利益要求方面的差距，通过对利益要求的学习，达成利益共识，然后以不同主体都能接受的利益取向为依据形成公共政策，减少旅游公共政策效力实现的阻力。

2. 价值学习

价值学习是对治理目标的学习。旅游公共政策形成过程的首要任务，就是按照政策网络达成共识的利益取向选择政策目标。旅游业的政策往往在制定过程中忽视了一部分网络主体的利益，损害了一部分主体的利益，因此需要对旅游政策目标定位不偏颇，进行价值学习，按照利益取向规定的方向学习，各主体在相互作用的过程中，通过学习对凝聚起来的价值进行提炼和升华。政策目标确立之后还有一个再学习的过程，把政策目标凝聚起来的价值向政策网络各结构体扩散，使政策目标真正成为各结构体的共同目标。

3. 规范学习

在旅游产业网络内的规范学习过程是指通过治理的依存互动，每一个产业网络主题都参与进来，寻找最为有效的政策工具。只有通过这样的学习，产业网络公共政策效力实现的功能才能有效地发挥出来，这是公共政策实现的最基本的内在机制。

在不同类型的政策网络中规范学习的效力实现成不同的特点。我国旅游业的发展是以为政府主导并进行推动的发展模式，在这种权力主导型的政策网络结构中，决定旅游政策效力能否实现的关键因素主要来自于权力结构的学习能力和政府的学习能力，前者的内容集中对其他主体的利益要求的认识和理解上，后者表现的是对政策目标和政策规范的认识和学习上。通过学习形成权力结构和政府结构的协同运动，提高自身的素质，优化自身的结构，为公共政策效力的实现提供基础。网络治理提倡平等互动型的政策网络模式，这是旅游产业网络治理改革的发展方向，影响公共政策效力实现的主要因素是各结构体在互动中协同的层次，也就是协同形成的基础。从以往的发展来看，协同认识的基础各有不同，有的以行为认同为基础、有的以价值认同为基础，有的以规范认同为基础，采用哪一种协同直接影响着旅游政策的可实现程度和效力，要因时因地灵活实施。在产生和制定旅游相关政策时，网络内的主体和政府要具备对不同利益诉求者或利益诉求集团要求的回复能力和处理能力，具备这样的能力首先要进行规范学习，即对不同利益群体要求的正确认识。

（二）旅游网络治理的知识转化

作为第三种治理模式，政策网络与科层和市场的最本质区别在于其承认政策产生的环境、背景和过程的复杂性、动态性和分化性，可曾协调机制的缺陷在于其机械、直线和单向性，基于这些经验政策网络治理通过网络彼此依赖的资源进行交换，实现共有的利益。为了保证利益协调机制的成功，网络中的行动者在与环境的互动过程中必须同时实现自身发展和环境改造双重目标，寻求问题解决时产生的知识积累和知识转移的社会化过程。

旅游产业网络知识转化过程是主体的政策需求到旅游政策的出台这一系列的过程，如图5-6所示。旅游院校和科研部门等知识群体掌握的专业知识和技术知识对公众和利益集团需求知识进行分析和整合，提炼出各网络主体的政策需求，政府要了解这些需求，并运用已有的和创新的政策知识制定出治理方案和顺应时局的执行方案。在旅游政策的制定过程中由三

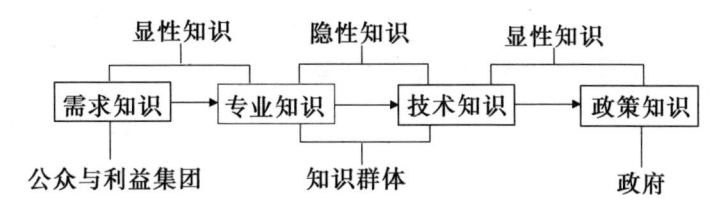

```
        显性知识      隐性知识      显性知识
          ┌──┴──┐    ┌──┴──┐    ┌──┴──┐
   ┌──────┐    ┌──────┐    ┌──────┐    ┌──────┐
   │需求知识│───▶│专业知识│───▶│技术知识│───▶│政策知识│
   └──────┘    └──────┘    └──────┘    └──────┘
       │            │             │
 公众与利益集团   知识群体         政府
```

图 5-6　公共政策网络中的知识及其转换

资料来源：席恒. 公共政策制定中的利益均衡［J］. 上海行政学院学报，2009（10）：39-46

部分组成，第一部分是旅游政策知识的输入，第二部分是旅游政策知识的转换，第三部分是旅游政策知识的输出。旅游政策知识输入以网络整体作为一个系统，从外界和内部同时向制定系统提出要求，传递各种政策相关的信息，知识来自于多方面，有知识来自系统内部或是旅游社团，旅游相关利益集团、旅游传媒机构、旅游者、旅游地居民等，这个输入过程和支持过程实质上是个主题对利益的表达和综合。目前我国旅游公共政策知识输入属于内部输入类型，民众没有直接的表达，而是有权利经营代替进行，通过权利政策知识输入过程的实质就是利益的表达和综合。我国的公共政策知识输入机制属于内部输入，即公共政策都由权利精英代替民众进行要求的体察和认定，精英代替民众进行要求的陈述和认定，这种情况与中国的特殊政治环境相关。本书所提倡的旅游产业网络治理要激发旅游政策形成的外在压力，解决由单纯内部输入造成的包括不利于政策确认、加重政策制定成本、降低政策效能以及政策贯彻不通畅的问题。同时在引入外部输入机制时，注意发挥公众在政策输入中的作用，培育和引导社会旅游利益集团等社会组织在政策的初步筛选、整理和综合中的作用，以减少政策系统的信息和知识压力，保证系统运行的高效率，还要注意保证外部通道的相对独立性。通过建立起内部输入和外部输入相结合的输入机制，真正实现旅游政策公共利益目标。

三、价值和治理的知识合作创新过程

　　旅游产业网络的合作创新是在各成员私有知识的共享学习和共有知识创造中实现的。我们把旅游业网络组织间的创新过程看做是网络主体间跨边界传递私有知识，从而将个体企业拥有的私有知识共享出来，在双方共享的基础上创造共有知识的过程。包括几个方面：首先，旅游企业的员工之间、旅游企业员工与顾客之间，是以隐性知识为主的个体交流和沟通，注重实时交互，员工从顾客那里得到第一手的市场需求和反馈信息，员工之间的知识共享使个体知识向组织知识进行转换，这一层面的知识交流与共享为旅游产业网络创新提供了最基础层面的知识储备。其次，旅游组织内各部门之间进行着知识整合创新，强调以显性知识为主体的集体知识传播，注重异步知识交流和共享。最后，旅游产业网络各主体通过合作伙伴的选择、私有知识选择与外化交流学习、共有知识的创造、共有知识的应用与吸收等几个步骤，达到知识在个体与组织之间、组织与组织之间的流动和创新，表现为新的旅游产品、旅游模式、旅游治理方案等等。当然每个阶段的活动并不按线性依次进行的，存在多重循环与反馈及多种活动的交叉和并行。

　　第一个步骤，旅游合作创新网络形成过程也是组织成员进行选择的过程，选择到合适的协作伙伴才能使创新网络各个环节稳定，配合默契，带来整个网络效率的提升。对方的技术能力和文化是否适合跨企业业务合作，必须具有坦诚和信任，各方能取长补短的空间如专业技术、市场经验、人才储备等，有明显的知识优势。在合作中形成竞争力和价值创造力。从市场竞争、核心资源的需求外部不确定性加剧越来越多的企业意识自己的资源和能力要进行收缩，关注于核心优势，把非核心业务委托给合作者，建立合作关系。当然，不能盲目乐观与知识共享合作，要充分估计其不稳定。如果潜在伙伴的制度文化兼容性、创新知识含量及创新能力等方面表现突出，就可以选择其为合作伙伴。当合作关系确定后各成员有对知识平台资金投入、贡献自有知识、分享分配知识的利益责任和权力。

第二个步骤，合作关系确立之后旅游产业网络主体间进行知识的选择和学习。在纷繁复杂的网络知识系统中，按照既定的标准和目标遴选并进行知识传输。在这个过程中需要注意，没有明确的共享目的就不会有联盟网络的顺利运行。在这个组织知识外部化的过程中，不能使核心知识流出，清楚私有和公有知识的界限，在与其他企业人员交流时注意保护自有知识产权，同时明确共享知识的范围，这需要认真盘点自己的私有知识，重视人力资源管理部门的工作，关心知识型员工，检查知识共享的风险和类型，估计自身承受能力。

第三个步骤，旅游产业网络共有知识的创造。Nonaka 和 Takeuchi (1995) 指出，组织知识创造的过程分为五个阶段：分享隐性知识、创造概念、确认概念、建立知识模型以及跨层次扩展。在旅游创新网络中不同组织开发人员在合理引导下，自我组织成知识共享平台彼此分享情绪、感觉和心智模式，大量的隐性知识被编码化转化成显性知识，创造符合网络组织的概念，连接创新市场开发与新项目或者是新的政策模式，一方面描述合作项目的开发规律，另一方面反映市场的需求，在调整过程中建立知识模型，将来自不同企业的个人知识汇总到共享知识库，成员组织的开发人员还面临着掌握和消化以新概念为核心的新知识，从而实现从显性向隐形的内部升华。通过这样一些复杂过程的反复否定之否定的螺旋式创造之后，就产生了旅游创新网络的知识库。

第四个步骤，旅游产业网络成员对共有知识的吸收。通过组织内部人员对知识库的文献、交流和材料进行吸收和消化，再将其显性化上升为组织知识。当然在这个过程中需要良好的氛围和沟通机制，成员拥有共同的价值观和共有知识观念，才能使个人知识向组织知识转化过程顺利高效没有漏损。对共享知识的应用是知识掌握的最后一个环节，真正发挥知识的作用，得到广泛的散播和迁移。例如网络成员通过个性化的界面获得所需的知识库内容，并与其他成员交互提问，另外通过搜索引擎迅速定位知识，电子社区、专家系统和讨论组都支持同步或异步知识共享，更重要的是，共享评价还是企业清楚自身在创新网络中的地位和作用。

通过这几个步骤后，知识在产业网络内按照价值和治理的不同目的在成员间进行了升华和创造，得到了有创意的、有建设性的价值创造新模式或是政策治理模式。总之，是一个产业网络的提升过程和进化过程，价值创新和治理创新都离不开这个过程。

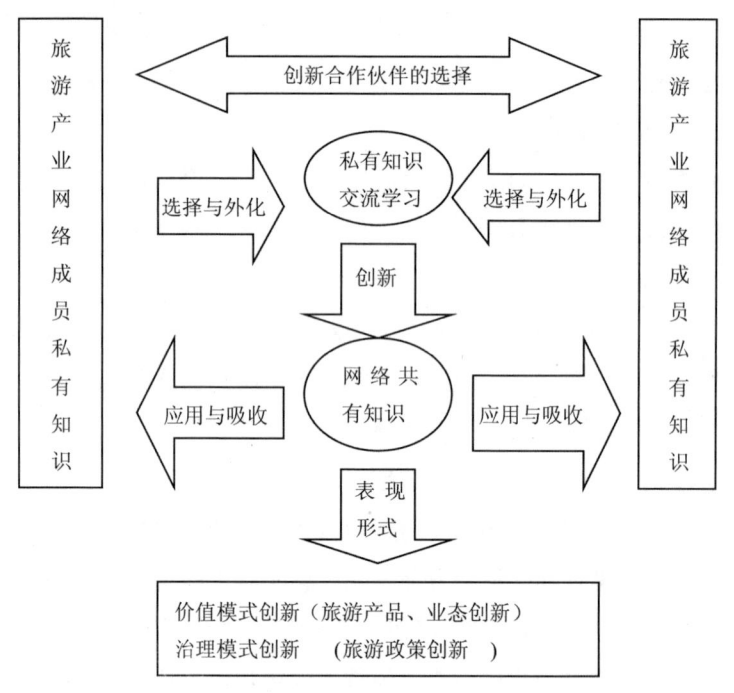

图 5-7　旅游产业网络合作创新的知识过程

四、评价模型的构建

1. 理论原理

通过第五章的论述，我们可以了解到旅游产业网络强调合作创新。旅游的值网络和治理网络时刻寻求新的价值模式和政策合作方式，其中一个重要的途径就是网络学习，通过产业网络的学习机制保证了价值和治理机制的不断创新，使旅游业在全球化和信息化的时代不断适应多变的环境。

Sundbo（2008）指出旅游业的创新更多依赖于松散灵活的网络。创新之所以能突破线性模式、进而突破扩散理论，进入创新2.0时代，取决于知识社会下形成的新环境。首先，信息通信技术的发展和知识网络的形成突破了知识传播传统上的物理瓶颈，旅游企业可以利用知识网络更快捷和方便的共享和传播知识和信息；其次，知识网络的环境最大限度的消除了信息不对称性，使人为构建的知识壁垒和信息壁垒在如今的知识网络下越来越难以为继。网络中的正式和非正式关系传递着物质和非物质资源，通过信息的流通、组织学习、生产和产品开发合作达到合作创新的目的。

这个复杂的学习及合作过程类似于人脑的学习过程，因此管理学引入了人工智能工具辅助研究学习创新问题，其中以 BP 神经网络应用最多。BP（Back Propagation）网络是 1986 年由 Rumelhart 和 McCelland 为首的科学家小组提出，是一种按误差逆传播算法训练的多层前馈网络，是目前应用最广泛的神经网络模型之一。BP 网络能学习和存贮大量的输入-输出模式映射关系，而无需事前揭示描述这种映射关系的数学方程。它的学习规则是使用最速下降法，通过反向传播来不断调整网络的权值和阈值，使网络的误差平方和最小。BP 神经网络模型拓扑结构包括输入层（input）、隐层（hide layer）和输出层（output layer）。在研究旅游知识创新评价模型过程中，引入神经网络模型，通过业内人士、行业专家对旅游业知识共享效率评价指标的评价和神经网络的训练，使网络具有学习功能、评价功能。

2. BP 神经网络的评价原理

（1）把用来描述评价对象特征的信息作为神经网络的输入向量，将代表相应价值创造增加或减少的向量作为神经网络的输出；

（2）用足够的样本训练这个网络，使不同的输入向量得到相应的输出量值；

（3）这样神经网络所持有那组权系数值、阈值，便是网络经过自适应学习所得到的正确内部表示；

（4）训练好的神经网络可以作为一种有效工具，对样本模式以外的对象作出相应的评价。

本书采用最广泛的 S 形函数训练神经元，表达式如下：

$$y = \frac{1}{1 + e^{-u}}$$

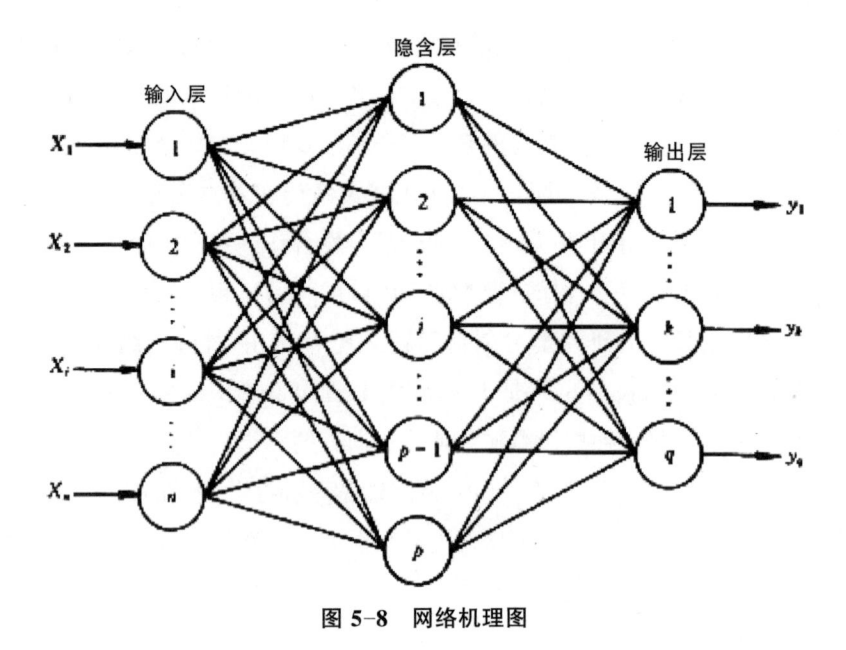

图 5-8 网络机理图

利用 Delta 规则训练神经元，神经元为一个单输入单输出的情形数学描述如下：

$$u = wx + b, \quad y = \frac{1}{1 + e^{-u}}$$

意味着输入一个 x，权重为 w，偏差输入为 b，目标输出为 t，预报输出为 y，则预报误差为：

$$E = t - y = t - \frac{1}{1 + e^{-u}} = t - \frac{1}{1 + e^{-wx-b}}$$

为消除负值，使用平方误差，定义为：

$$\varepsilon = \frac{1}{2}E^2 = \frac{1}{2}(t - \frac{1}{1 + e^{-wx-b}})^2$$

根据 delta 规则，最优权值可以在训练过程中从初始权值出发，沿负梯度方向下降得到。将平方误差对 w，b 进行微分，得：

$$\frac{\partial \varepsilon}{\partial u} = -E \cdot \frac{e^{-u}}{(1+e^{-u})^2}$$

$$\frac{\partial \varepsilon}{\partial w} = \frac{\partial \varepsilon}{\partial u} \cdot \frac{\partial u}{\partial w} = -E \cdot \frac{e^{-u}}{(1+e^{-u})^2} \cdot x$$

$$\frac{\partial \varepsilon}{\partial b} = \frac{\partial \varepsilon}{\partial u} \cdot \frac{\partial u}{\partial b} = -E \cdot \frac{e^{-u}}{(1+e^{-u})^2}$$

根据 Delta 原则，权值改变应与误差成比例，引入学习率 β，每次迭代中的权值改变可表示为：

$$\Delta w = -\beta \cdot \frac{\partial \varepsilon}{\partial w} = \beta \cdot E \cdot \frac{e^{-u}}{(1+e^{-u})^2} \cdot x$$

$$\Delta b = -\beta \cdot \frac{\partial \varepsilon}{\partial b} = \beta \cdot E \cdot \frac{e^{-u}}{(1+e^{-u})^2}$$

学习率 β 决定了沿梯度方向的移动速度，以确定新的权值。大的 β 值会加快权值的改变，小的 β 值则减缓了权值的改变。第 i 次迭代后的新区安置可表示为：

$$w^{i+1} = w^i + \beta \cdot E \cdot \frac{e^{-u}}{(1+e^{-u})^2} \cdot x$$

$$b^{i+1} = b^i + \beta \cdot E \cdot \frac{e^{-u}}{(1+e^{-u})^2}$$

在多输入神经元的权值修正即为：

$$w_j^{i+1} = w_j^i + \beta \cdot E \cdot \frac{e^{-u}}{(1+e^{-u})^2} \cdot x_j, \quad j=0, \ 1, \ 2, \ \ldots, \ n$$

利用 delta 规则的有监督的学习可以按如下方法来实现，一个输入模式它的初始权值被设为任意值。对加权的输入求和，产生输出 y 然后与给定的目标输出 t 做出比较决定此模式的平方误差 ε。输入和目标输出不断地被提出，在每一次迭代或每一个训练时间后利用 delta 规则进行权值调整直到可能的最小平方误差。

算法步骤如下：

(1) 构造 BP 神经网络模型初始结构：一个输入层，一个隐含层和一个输出层还有足够多的隐节点。

(2) 根据实际问题，选入自变量，确定输入节点的个数。

(3) 根据具体情况确定输出层结点个数，学习精度，规定迭代步数，隐节点数上限，学习参数初始值，动量项系数，其他常数。

(4) 输入学习样本，使样本参数变为（0，1）。

(5) 按 BP 算法对网络进行学习。

(6) 判断迭代步数是否超过规定步数或学习精度是否达到要求，是转（5），否，转（7）。

(7) 判断学习精度是否达到要求或迭代数是否超过规定步数，是，算法终止，否，返回（6）。

五、评价指标构建

知识路径的网络合作创新由四个版块构成，分别为认知差距、环境影响、协调行为和创新效果。

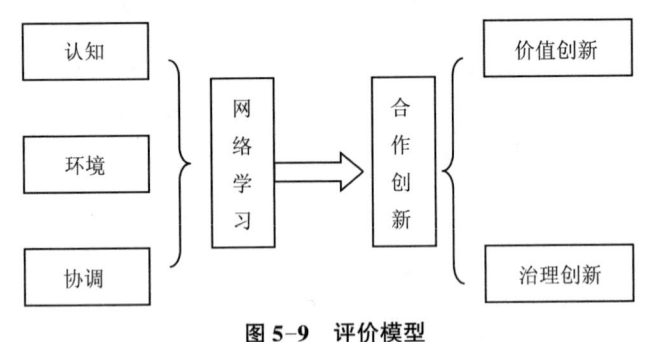

图 5-9 评价模型

（一）认知差距

网络成员之间的认知因素包括利益期望、信心、管理风格和知识理解等因素。不同成员企业对知识创新所要实现目标认识存在差异。

在合作过程中，各方对知识创新的效果有一个设想，但由于环境的变化和知识背景和经验的限制，使不同成员对知识共享所要实现的目标预期上具有差距。

此外，在合作过程中也存在对合作取得利益期望过高的问题，需要认清成员企业需要付出的代价和需要承担的义务。Stott 等人的研究认为，员工在组织内相互合作完成任务的主要动机来自马斯洛需要层次理论中上面的三个层次，即社会需要、尊重需要和自我实现的需要（Hamel，1991）。明茨伯格认为个人对工作的态度决定着人物的成功与失败。他的双因素理论区分了可消除部门的保健因素与能导致满意的激励因素，认为成就感、责任心、工作的认可、工作的挑战性、提升的机会是提供个人心理激励的关键因素，而工资、地位、人际关系、公司政策等所谓保健因素只是保证人们工作的基本条件。当保健因素缺乏时，人无法正常工作，但是他们一旦满足以后便不能形成刺激人们进一步高水平努力的内在激励。

在对当代知识管理的研究中，Davenport 和 Prusak 特别提出互惠和名望在知识共享中的作用。他们的研究以大量经验调查为基础，强调人际互惠和名望是员工在组织内知识共享的重要动机。这里的互惠是指期望共享自己知识的同时会有所回报，属于双因素理论中的人际关系内容。而名望使只拥有知识的员工与团体共享知识，有助于提高或巩固自己在组织中的地位。这与双因素理论中的地位相近，反映了个人在组织中受重视的程度。

事实上，激励因素和保健因素都是员工从事知识共享的重要动机，知识两者产生的激励水平有所差别，激励因素能够比保健因素产生更持久和更强烈的内在激励。亚当斯密的公平理论也指出如果在利益分配时采用贡献率，即根据团队成员贡献的大小来分配社会资源或组织奖酬，可以提高团队的产出水平和团队成员的工作积极性。若打破平均主义大锅饭，就可以提高群体的绩效水平。还有，对知识理解差距也是导致成员企业失望，令合作效果大打折扣的一个主要原因。

总之，利益期望、管理风格和对知识的理解是影响合作创新的重要因素。

(二) 环境影响

公平性。在合作过程中，程序与分配的公平性决定着网络运转可持续性，网络成员的决策参与、沟通和反馈过程要体现公正的认知。再分配过程中要使成员对创新效益成果的分配结果有公平性的认知，相关的创新和知识共享的积极性就越高。

相互信任。信任在知识创新过程中是一个非常重要的影响因素，信任是指成员企业给予其他成员的不加监控，承担的信任风险。在众多的知识管理的公司中，信任文化有助于知识创新，信任氛围有助于持续的信息流量增加（Mc Allister，1995）。

团队效能。以往的研究发现，团队效能有助于提高团队凝聚力、团队成员满意度以及团队绩效（徐瑞平，陈莹，2005）。

文化融合度。企业文化相容性强，企业之间的公有知识在质与量上都得到提高，交易收益增加，而且共同的价值观和文化，使企业间的员工思想与行事方式很容易产生一致和协调性，双方容易建立起融洽气氛和信任感，知识在企业间的交流就更加容易和流畅，从而降低了交易成本。

知识的可表达性。知识的可表达性直接影响知识的传播和吸收，会使其创新作用大打折扣。易理解、容易表达的、可以形象化的知识转移和吸收的难度降低，被利用的效率就增强，而生涩、不易表达的、抽象化的知识会引起误解和歧义，反而造成不必要的损失和误解，影响了知识创新效果。

知识创新平台。网络组织各成员的知识存储方式、传播形式存在着差异，需要有一个合作平台进行知识交流和协作，使所有网络成员都能快速方便地获得所需的知识，达到降低交易成本。此外，合作平台能够灵活地捕捉、分类和消化利用这些知识，使网络知识被充分利用。

(三) 协调行为

沟通机制。管理着时间的沟通可以从管理层面发现对方的优点，并结合互相的处境进行互补，有利于及时处理解决问题，缩短成员间的认知差距。此外，员工之间的沟通也必不可少，旅游企业的创新多存在于企业的第一线，很多灵感来自于一线员工，在合作过程中，员工之间的有效沟通和默契合作，会带来更多的创新效益。

法律契约的调整。在网络组织的知识创新过程中，需要法律来控制、调整、指导这个过程和旅游业组织成员的行为。在法律的严肃性、规范性和强制性的共同作用下知识创新的过程才能更好地得到约束和规范，约束成员的行为，调整各方的利益关系，降低机会主义违约风险激励成员参与，使知识创新进入到制度化的运行轨道。

人才的补充。旅游创新需要一个知识链支撑，在知识链内的知识流不断地补充和更新才会给创新带来提高和新的领域。在合作创新的过程中，必然会出现人才匮乏的现象，知识链不完整，因此，需要进行人才的配置协调和补充，保证项目的进行，快速实现创新。

（四）创新效果

组织网络化背景下，知识的共享和转化不仅使网络成员间各自增进了知识的储备，在合作过程中互通有无，实现了服务创新、产品创新和政策创新。不仅考察产品创新的经济效益还要考察服务流程、合作模式等服务创新所带来的经济效益。此外，考察创新的经济效果还要注重客户的反馈和评价，这是保证经济效果可持续的必要条件。总之是一个产业网络层面的合作创新。

在将指标进行分类和分层之后，将创新模型的层次做以下提炼：

表 5-1

一级指标	二级指标
认知差距	合作目标的认知差距 A1
	合作利益期望的认知差距 A2
	合作信心的差距 A3
	共享知识的理解差距 A4

一级指标	二级指标
环境	合作程序与分配的公平性 A5
	相互信任的程度 A6
	合作团队的效能 A7
	企业间文化相容性 A8
	共享知识的可表达性 A9
	知识创新的平台 A10
协调行为	成员组织管理者的沟通 A11
	合作团队员工之间的沟通 A12
	法律等契约的设计与调整 A13
	项目进行中缺乏人才的补充协调 A14
创新效果	合作的其他成员的满意程度 B1
	创新服务项目的利润提高程度 B2
	客户对合作的反应程度 B3
	新政策制定参与的满意程度 B4
	创新产品市场占有率的提高程度 B5

第六章

政策启示

一、旅游产业网络价值机制政策启示

（一）把握旅游产业网络的演变方向

产业网络并不是静态恒定的，会随着消费需求、国民产业结构调整、产业政策等因素的变化而发生演变。旅游产业网络的演变是在资源、主体、活动三要素依次相互作用的过程中进行的，资源的变化推动旅游产业网络不断地变化，表现为旅游业主体数量、产业网络的关联度和活动量，以及产业网络绩效的变化。具体而言，旅游业在传统的自然人文旅游资源之外，借助与其他产业的融合引入更多的信息、技术、金融、关系等资源，创造性地重塑旅游体验和参与，医疗、修学、会展、节事、工业生产、企业奖励等被旅游化，丰富了旅游业态，因而，产业中的参与主体数量增多，构成多样，跨越各个行业，产业关联度和活动量迅速上升，越是发达的旅游目的地，产业网络联系更复杂且绩效相对较高。总之，旅游资源的扩展使活动丰富，引入更多的行动者，而旅游资源的衰退将使活动减少，行动者退出。

中国旅游发展进入到大众旅游阶段，但很多旅游景区和旅游目的地由于漠视旅游的社会、经济和环境的负效应，导致旅游价值下降，行业发展倍显疲态。其症结主要是对自然、环境因素过于依赖，产业发展推动力主要来源于大规模的物质要素投入，粗放而不经济。旅游产业组织网络化后，注入更多跨行业的高级要素，包括技术资源、人力资源、信息资源、关系资源，这些资源构成产业发展的基础，同时繁衍出了新的业务和增值空间，带动旅游业融入到全球范围内相关产业价值的分配体系中，以非物质资本、生态资本、网络资本带动旅游业向集约型方向发展，突破行业业务范围狭窄、收益低的尴尬境遇。正确判断旅游业这个演变方向，制定相应政策，重视现有产业网络资源，不断发展和培育新的网络资源，产生网络效应，为企业营造发展空间，提升产业的发展潜力。

我国行政部门功能定位多年来沿袭产业划分的思路，即某一政府单元对应某一产业，这带有明显的工业时代特征。而随着产业融合的扩展，价值积累不单纯走物质流动轨迹，而是更多沿信息、知识的传播和创造的路径，向跨越产业，联合多种功能，使经济活动延展和迂回，形成复合经济、迂回经济。旅游又是一个典型的复合经济，为了满足闲暇的多样性需求，对不同产业的价值进行整合。我们所说的整合范围已超越了"吃、住、行、游、购、娱"，与信息产业、创意产业、医疗行业等等交织起来。在这种背景下，转变行政思维，重在协调和理顺，而不是条块分割、框架式的管理思维，不仅关注具体的企业行为更应该成为经济活动过程的一个环节。在旅游业与创意产业融合的过程中，旅游行政部门主要职责是鼓励、引导和监督发生在旅游领域中的创意活动的量、质、度。独特性是创意产业的生命、也是其对旅游最重要的贡献，降低模仿性、增强原创性始终走有地方特色的产业转型之路。推进创意产业园区的集聚旅游功能开发，鼓励旅游创意企业落户创意产业园区，加大重点旅游创意项目的扶持力度，鼓励旅游创意企业的研发投入，推进旅游业信息化、网络化工作实行品牌战略，扩大对旅游创意产品和服务的政府采购范围等等。

（二）建立信任机制，重视社会资本

1. 建立信任机制

信任被普遍认为是除物质资本和人力资本外决定一国经济增长和社会进步的主要社会资本。信任的产生表面上是文化价值观的继承，实质上是市场经济机制所提供的重复交易博弈机制的内在必然结果。产业网络的多样化外在特征与其升级和演进路径深受其所在的社会制度结构及其制度层面所内涵的社会普遍信任类型与信用体系的影响。因此，社会信任类型在

某种程度上就决定了旅游产业网络实现的升级与演进路径轨迹。

组织信任对知识的共享起到关键的促进作用，没有信任的氛围，知识转移的动机缺乏、转移过程会受阻，降低了效率增加了风险，吸收创新的动力不足。缺乏信任机制的目的地合作协调比较困难，直接影响到知识共享平台的建设。高度信任的网络要求成员具有很强的承担风险的意愿，相信其他合作伙伴不会利用自己的弱点而做出损人利己的行为。信任对知识管理的促进作用通过三个方面发挥的：首先，在信任的氛围内知识在行动主体间转移，扩大了共享范围，并利用多样的渠道和媒介使这一进程更加容易；其次，知识传播方更容易确定所需传播的知识领域，降低了搜寻配对的成本消耗；再次，信任促进双方做出更积极的回应，为多次、常规化的知识交流消除障碍和降低难度。目前，欧洲旅游发达国家致力于在目的地建设知识社区，形成知识同盟，他们始终强调信任基础的重要性，采取征信档案、合作组织惩罚等制度。我国的旅游业信用制度亟待完善，应发挥社会资本在信用机制形成的作用，建立沟通平台，增加合作机会。

2. 重视社会资本

社会资本是从社会网络中流行的信任中产生的能力。产业网络中嵌入的社会资本从结构角度讲，使企业通过社会联系，从相熟的、信任程度较高的部门或企业那里以较低的代价获得真实信息，节省了对知识的获取、甄别、选择、实用的成本；从文化角度讲，费孝通将中国社会的血缘亲疏影响概括为插叙格局，人情、面子、回报、缘分不仅维系着社会秩序也维系着经济行为。企业对社会资本的投资和积累，依从这一规则，建立社会联系，促使有长久交往或紧密联系的组织间进行互助和知识共享，无形中形成的规范具有一定的约束力，成为企业的一种文化策略。旅游产业网络的构成以中小企业为主，旅游产品链条长、环节多，行业的不确定性较其他产业更强，国内外学者（Cooper、杨洪浩等）更加强调社会资本在稳定合作、维护秩序的作用。因此，政策制定过程中考虑旅游产业网络的社会资本蕴含量，从增强行业内交流和信任角度出发，促进旅游产业网络的社会资本的形成和沉淀。

（三）树立共同愿景，重视合作组织的作用

旅游产业网络由众多异质性的主体组成，是介于市场交易和组织内部层级管理之间的一种组织形式。每个网络成员都有自己的发展战略目标和规划，参与创新网络是为了更好地实现自己的发展战略，旅游产业网络必须在充分考虑到网络成员的发展目标和期望收益的基础上，建立能够代表所有网络成员利益的整体发展战略，规划出所有网络成员共同发展的美好愿景。共同愿景是网络的核心要素和导向系统，也是网络中知识转移成功的起点，双赢是联盟共同愿景的核心价值观，需要合作组织的团结和聚合作用。产业网络本质上作为一种关系性契约，依赖契约的自我履行机制并不能保证其有效运行，还必须有第三方如合作型组织的加入。因此，处理网络组织中各种关系的产业合作组织的作用就不容忽视，其既可以协调网络主体的商务关系，促进产品价值快速实现，还可以有效避免企业间恶意竞争，增加企业之间合作与协调。我国旅游业发展比较依赖于产业政策，忽视了产业合作组织的作用，经常出现过度竞争、发展不协调等现象。应积极鼓励成立合作组织，使其成为产业政策的有效补充。上海工业旅游促进中心是经上海市经济委员会批准成立的，旨在配合政府提升上海产业结构和优先发展先进制造业的战略思路，挖掘和整合上海工业旅游资源，努力打造上海国际大都市旅游产品。这个中心成为企业、政府等方面的工业旅游事宜的桥梁，并进行工业旅游方面的市场监督，不仅配合政府制定上海工业旅游发展规划，开展上海工业旅游遗产的保护工作，还组织开展国内外工业旅游企业交流与合作，开发上海工业旅游市场，制定上海工业旅游示范点（等级）评定标准，实施工业旅游网站的建设，加速上海工业旅游发展的国际化和信息化进程，起到了很好的平台作用。

二、旅游产业网络治理机制政策启示

(一) 培育参与旅游政策网络互动的成熟主体

引导各类社会主体在旅游政策网络互动中维护自身的合理权益,形成完整的政策网络准入机制。当前,我国的各类旅游利益群体逐步体现出不断觉醒的民主参政意识,但缺乏有效的组织,难以在网络互动中形成独立的行动主体。因此,各级政府部门不仅不应该忽视或是有意避免让社会利益群体参与到政策决策的网络中,还应当为他们参与政策决策创造更多的有利条件,主动引导他们参与政策网络互动。如大力扶持旅游目的地居民弱势群体发展有针对性的协会等组织,使他们能够在旅游的政策问题中为当地群众争取合理的利益,从而保障弱势群体在决策过程中的话语权。政府通过"参与代言机制"可以将单个、分散的利益个体整合集中成受权威承认的政策网络中的利益团体,并在日常行政管理工作中以民主恳谈等程序性机制保障各类利益团体参与网络互动的自由,既扩大了决策民主,又避免了决策拥挤现象。

(二) 畅通旅游利益相关者在政策网络中的利益表达机制

当前,我国的政策体系为公共利益群体提供的利益表达途径主要有选举、上访、通过媒体接触以及加入政治团体等渠道,但是对于极少掌握资源与信息的弱势群体而言,真正能够让他们参与决策过程的有效渠道却是极少的,而少数特殊利益集团却能够通过所掌握的资金、信息等资源将本群体的利益向政策网络核心表达,从而在利益表达环节上造成了严重的失衡。当前我国政府应当尽快通过机制创新,为各类利益群体构建一个能够平等表达自身利益的平台，既要保障多数利益群体的利益，又要兼顾少数利益集团的要求，这样才能保证在政策网络的互动过程中实现共同竞争、共同受益的格局。为保障各方利益主体有均等机会参与决策过程，应通过"表达保障机制"由立法者以法律规范的形式明确各利益主体参与网络互动的具体程序，详细规定在政策过程中各参与主体所享有的均等机会，以表达各自观点、利益以及交换所掌握的资源。为保证政策结果不为某一方或某些利益主体所垄断，应通过"表达规范机制"约束各利益主体在政策网络中的不合理行为，既要避免网络互动中的一方独大，又要防止多数利益主体联合损害少数利益主体的现象。

（三）改善政府部门的行政方式，提高公开度、公众参与度

面对新公共管理运动要求政府更加民主、高效的潮流，我国各级旅游政府部门应自觉运用沟通和协调的方式广泛听取各方的意见，从而保障各社会主体的利益能被政策网络核心所接纳并得到及时的反馈，如在房地产旅游紧密结合的项目政策上不应只顾部门利益和少数特殊利益集团利益，只关注经济效益和资源回报，而应广泛地听取弱势群体和相关当事人的意见，保障他们的合法权益。因此有必要通过"政策回应机制"充分关注社会各利益主体对于政策问题的反应，从而为政府部门明确目标价值、确立解决方案、科学执行政策等程序性环节提供合理依据，同时，政府部门能够对已实施的各项政策的结果通过广泛征求各利益群体的意见进行重新评估并及时反馈，从而使各社会群体的利益均能在政府政策中得到一定程度的实现，保障了政策过程的科学和民主。

完善政策网络的评估与退出机制。为保证各类政策网络在社会治理活动中所发挥的效用始终保持最佳，应对旅游政策网络体系进行定期评估。合理、有效的政策网络评估机制应当明确评估的主体、评估的标准、评估的具体内容和程序以及权威主体、政府主体、私人主体和社会

团体主体在政策网络中的表现情况。我们还应建立旅游政策网络的退出机制。如果说准入机制是解决旅游各利益主体进入政策网络的问题，那么合理地淘汰政策网络中不合适的利益主体就需要退出机制了。由于政策网络必须根据政策过程的外部环境中各种条件的变化作出适当的调整，如随着经济条件的不断发展，私人群体的力量得到壮大，政策网络结构也必然随之变化，私人利益主体在网络内的影响力不断增强，甚至转变成私人主体主导的政策网络。政策网络的退出机制就是要适时地调整政策网络内的主体结构，从而使政策网络能够更好地适应外部环境的改变，保持网络的活力和先进。

三、旅游产业网络知识机制政策启示

旅游资源是一种永久和无限的知识资源，在具有永久价值的自然旅游资源和历史旅游资源得到开发之后，需要不断以知识和科技的迅速发展为依托，跳出历史和自然限制，以人的智慧达到无限开发的新境界，知识是作为主要的要素推动着旅游生产力的发展（李仲广，2004）。也就是说，推动旅游发展的根本要素是高级的非物质要素。旅游中间商之所以没有随着旅游电子商务的兴起而退出历史舞台，是因为他们具备了学习能力，整合了积累的市场信息和经验等知识要素，推出满足个性化需求的动态旅游服务，这是知识转型的结果。

随着旅游业组织网络化的加深，企业将更加依赖知识网络接近新信息和知识，协调企业间的交易，增进信任和合作，进行旅游产品创新来赢得竞争优势。同时，旅游产业网络治理能力的提升和创新需要成员共享经验等各种知识。知识管理无可争议的成为旅游业的管理主题，通过知识管理可以降低旅游业由于人员流动而引起的智力资本流失，提高工作绩效和从他人那里获得知识的满足感，进而使员工有动力提供更好的服务，做出更优的决策。在旅游目的地的衰退问题上，发达国家将目光投向旅游产业网络成员的合作创新（如英国的 lifestyle 计划），制定各种措施提高产业网络内知识交流的效率。世界旅游组织积极致力于推动旅游业的知识管理水平，推出了全球旅游业青年人才培养计划，打造全球各国的旅游研究机构平台的互通，促进旅游研发及其成果共享。

香港、拉斯维加斯，迪拜等地的无"资源"发展模式说明了知识可以创造吸引力，创造旅游资源。旅游企业如果进行有效的知识管理，使员工共享隐性知识，可以最大程度地将人员流失带来的损失降到最低。不仅如此，分散化程度高，以中小企业为主的旅游业面临的诸多挑战如环境不确定性加剧，竞争激烈程度升级，目的地退化危机，多元（经济、社会、生态）标准下平衡发展等等，其解决都需要加强各方协调合作，进行知识共享，推进产品和服务创新。只有这样才能适应多变环境，克服衰退危机，保持稳定发展。从欧洲的发展经验可以看出越是知识管理程度高、合作紧密的旅游目的地，其竞争力就越强，抵御外部不利因素的能力也更强……总之，传统的旅游资源观正在升级为旅游知识资源观，知识管理水平代表着旅游业的发展水平和潜力。

（一）构建知识平台，培养合作氛围

随着旅游业组织网络化的加深，旅游企业将更加依赖知识网络接近新信息和知识，协调企业间的交易，增进信任和合作，进行旅游产品创新来赢得竞争优势。知识管理将无可争议地成为旅游业的管理主题，通过知识管理可以降低旅游业由于人员流动而引起的智力资本流失，通过全员的知识共享可以提高工作绩效而且提高雇员从他人那里获得知识的满足感，使他们有动力提供更好的服务，做出更优的决策。在旅游目的地的衰退问题上，发达国家将目光投向旅游产业网络成员的合作创新（如英国的

lifestyle 计划），制定各种措施提高产业网络内知识交流的效率。世界旅游组织积极致力于推动旅游业的知识管理水平，推出了全球旅游业青年人才培养计划，打造全球各国的旅游研究机构平台的互通，促进旅游研发及其成果共享。可以预见，旅游业的知识共享、转移、及服务创新等问题将成为今后本领域的一个研究主题。

整合知识通道不仅需要对合作伙伴进行选择、建立合适的网络结构，还需要确立合适的知识转移路径。只有这三个方面都达到理想状态才能使知识的转移和共享顺利实现，继而协同创新效果发挥到最佳程度。稳定地进行知识共享可以提高共享效率并给网络成员带来诸多利益。例如网络成员有效地获得更多的外部知识和外部信息，提高吸收知识的能力，对知识来源能做出准确而充分的判断。另外，产生的协同效应给网络带来知识租金，即知识共享创新后商业化的结果，促进了搁置资源的浪费，通过网络匹配进行了再分配整合创新，是租金收益增加。还有，稳定的知识共享可以帮助网络内企业降低风险，促进更快速度的知识创新，成员之间知识交流更有信心，多次重复的知识共享行为，使信任扎根于每个成员中，这种稳定性带来了机会成本行为的减少，交易费用的减少，有助于知识长时间在网络内进行传递和交流。相反不稳定的知识共享带来一系列的后果。一些企业利用信息不对称的情况侵占其他成员的知识利益，导致机会主义倾向，搭便车的偷懒行为出现，成员无奈出于自我保护拒绝共享或逆向选择，知识共享的长期化失去了稳定的基础。

所以需要进行利益、法律、管理和社会协调机制共同配合达到知识共享的最佳效率。其中利益协调是核心，组织间的分工，借助网络组织获得知识互补优势，是成员收获网络租金。法律协调是利益协调的基础，理顺知识产权归属，明晰了成员间的权利和义务，激励共享并约束侵权，明确调整的原则与方案，为管理和社会协调机制提供法律框架。管理协调机制是法律协调机制的延伸和补充，针对合同所规定的内容，建立规范的规则和制度，具体协调知识共享的过程和细节，建立有序的知识贡献和吸收机制。社会协调机制是管理协调机制的补充和延伸。管理协调机制通过社会网络关系形成的文化、声誉和集体惩罚等机制进行协调，灵活机动，多层次互动，低成本，非正式性，达到配合其他协调机制的效果。如果说前几种协调途径是"硬方式"，那么社会协调就是一种"软方式"，弥补其他的不足。

（二）恰当选择合作伙伴，促进知识流动

在选择合作伙伴依据资源和能力互补的标准，见各自互补的资源带入网络，共享融合并激发更高层次的创新，最终形成创新网络的不可移植、替代的竞争优势。对网络结构的分析也是一项不可缺少的环节，有助于掌握知识流的运行轨迹，确立主导地位的行动者位置，有利于增强成员间的信任，保护合作伙伴的利益及各自的核心能力不受损害。选择合适的知识通道，是知识标准化，容易为成员所接受。旅游公共信息服务平台就是一种不错的选择。各地旅游主管部门打造服务公开项目的同时，依据某一种大旅游项目或主要旅游景点提供针对性的辅助平台在实践中发挥了重要作用。如上海2010年世博会的官方网站以及连接的信息服务中心，其成功运作使合作各方从中受益。构建知识平台，建立智能化知识管理系统，同时培养强化有利于知识跨组织流动和共享的合作伙伴关系，营造积极地合作氛围，促进知识特别是隐性知识的跨组织流动与整合。组织网络化不仅便于其内部的共享从而进行内部知识整合，同时也有利于企业外部知识的整合。在企业、产业和目的地层面通过促进知识共享达到企业和产业竞争力提升及目的地可持续发展的目标。具体措施比如通过工作轮换和组建跨组织团队等措施，企业更好地实现跨组织的知识共享。协作和兼容的企业文化是组织网络环境下知识共享的文化基础，协作的企业文化使员工在理念上意识到知识整合不是零和博弈，各方参与才能提升自身知识价值，没

有兼容的文化不会有高效的知识共享和整合。

(三) 设立知识管理机构和职位

根据企业特点,应设立有知识主管人员的知识管理机构,负责企业的知识管理,培育企业的知识创新能力,采用相关技术,如互联网、神经网络及专家系统推进隐性知识创造和传播。"学习型"组织是隐性知识产生的重要保障,也是形成企业竞争优势的不竭源泉。要构建企业的竞争优势,个人学习与组织学习成为企业构筑竞争优势的关键。企业建立知识平台包括两个方面,建立明晰知识平台,将知识加以记录、整理、分析并储存,而是建立知识库具体可以建立一个为企业知识使用者提供将其工作中的见解、经验、诀窍乃至灵感等隐性知识在工作站上发表,并提出问题和建议给予积极的应答讨论,在知识库管理员的指导下存储有用知识,明晰知识平台形成企业的资源组合、配置开发,在幽隐性知识库产生新的明晰知识平台,形成企业新的能力。

结论与展望

在多年的旅游学的学习和研究中，笔者总是有一个困惑，那就是旅游业的运行机制有点让人说不清，它不是一个"规范"的产业，但其实际贡献远远超过了中规中矩的产业，已经是一个独立学科却没有独立的学科理论体系，这令我们旅游人很是尴尬，所以从博士学习阶段起我就寻找理论支撑，争取较好地解释旅游业的运行机制。Tribe（1997）指出旅游实业界和学术界的知识都是割裂的，一些学者一致认为旅游业只是社会学里的一个现象，而不是一个研究主题（Frederic Darbellay，2011）……尽管如此学者们已达成了许多共识，即旅游业具有复杂性、跨学科性和网络性。我认为从网络角度探讨旅游业的运行机制较有实践意义，原因在于目前旅游研究网络方法运用得多，但对旅游业网络机制阐述得不够。

本书选择了旅游组织网络语境下讨论旅游运行机制问题，也就是讨论由组织网络化带来的价值、治理和知识效应，将关注点落在了价值、治理和知识管理三个方面。旅游产业需要经济层面的研究更需要社会层面的探究，因为旅游活动具有广泛的社会影响，因此，旅游组织网络化的治理创新是经济意义创新之外非常重要的一个领域。随着创新日益受到关注，创新的核心问题即旅游业的知识管理很自然地进入到研究视野，而且旅游业的知识管理研究又刚刚起步，显得十分必要。

在本书的研究中，从价值网络到治理网络再到知识网络，全面立体地解读产业网络的运行机制。得到几个重要结论。首先，旅游的新业态会不断涌现，特别是在产业融合的背景下，会日新月异。其次，旅游业的网络治理会给很多传统和新出现的旅游问题解决带来尝试的空间。再次，对旅游业的知识管理要逐步重视，摒弃以往的传统服务业观，用知识资源带动旅游业的发展和腾飞。在文中对旅游业的组织网络创新进行了理论演绎，同时在诠释价值网络创新的过程，对各种旅游新业态的形成和特征以及意义进行了分析，针对旅游业和创意产业的融合深入剖析，用上海近年来的融合新业态做实例，使本书具有了一定的应用性。知识创新的评价模型是在相关研究基础上，结合旅游创新特点尝试提出的，经过对网络模型的训练和验证，可以对某一旅游组织网络的创新性做一个预测。

当然，本书也有许多可以拓展和深入研究的空间。例如，旅游价值网络研究可以做深入的实证研究，例如关系型价值网的利润，可以探讨携程网和其他旅游电子商务网站的盈利比较；旅游目的地在多元治理过程中还需要更多的实地考察的案例进行充实，由于作者的时间和能力限制，没有充分进行。旅游业的知识创新评价模型可以进一步修订，与旅游服务创新理论结合，更有价值和解释力。

由于能力和知识结构及研究视野所限，本书还有一些纰漏和需要改进的地方，这将是我在未来努力的方向。

参 考 文 献

[1] 安娜·格兰多里（Anna Grandori）. 企业网络：组织和产业竞争力 [A]. 北京：中国人民大学出版社，2005

[2] 安世虎. 组织内部知识共享研究 [M]. 中国财政经济出版社，2008

[3] 曹国新. 对旅游产业范围与地位问题的思考 [J]. 旅游学刊，2007 (11)：67-68

[4] 陈峰仪等. 基于创新旅游思想下的现代旅游目的地建设构想 [J]. 人文地理，2010（04）：67-71

[5] 丁诚. 基于组织知识共享的障碍及策略 [J]. 情报科学，2008（1）：35-36

[6] 冯学钢. 论旅游创意产业的发展前景与对策 [J]. 旅游学刊，2006 (12)：67-73

[7] 郭华. 国外旅游利益相关者研究综述与启示 [J]. 人文地理，2008 (02)：100-105

[8] 郝索，方巧，唐平. 关于我国旅游产业组织结构的思考 [J]. 西北大学学报（哲学社会科学版）2004（7）：59-62

[9] 胡平波. 网络租金及其形成机理分析 [J]. 中国工业经济，2006 (06)：26-35

[10] 黄守坤. 产业网络及其演变模式分析 [J]. 中国工业经济，2005 (4)：54-60

[11] 季玉群. 我国旅游业的产业组织分析 [J]. 兰州学刊，2005（6）：220-22

[12] 李新春. 外部学习能力与企业竞争优势——基于珠三角地区酒店业的实证研究 [J]. 旅游学刊，2007（08）：24-29

[13] 粟路军，何学欢. 国内旅游利益相关者研究进展及展望 [J]. 湖南财

政经济学院学报, 2011 (4): 67-71

[14] 李瑞昌. 关系、结构与利益表达——政策制定和治理过程中的网络范式 [J]. 复旦大学学报, 2004 (06): 122-128

[15] 李守伟, 钱三省. 产业网络复杂性研究与实证 [J]. 科学学研究, 2006 (08): 529-534

[16] 李维安. 网络组织: 组织发展的新趋势 [J]. 科技经济出版社, 2004年

[17] 历无畏. 产业发展的趋势研判与理性思考 [J]. 中国工业经济, 2002 (4): 5-11

[18] 李想, 芮明杰. 模块化分工条件下的网络状产业链研究综述 [J]. 外国经济与管理, 2008 (08): 1-8

[19] 李正欢, 郑向敏. 国外旅游领域利益相关者研究综述 [J]. 旅游学刊, 2006 (10): 85-90

[20] 李仲广. 从形式到实质——旅游经济学之路 [J]. 旅游学刊, 2007 (11): 8-9

[21] 李仲广. 旅游经济学 [M]. 旅游出版社, 2004

[22] 李仲广. 我国旅游业研发总体水平、区域分布与政策建议 [J]. 旅游科学, 2008 (02): 4-10

[23] 梁启华 基于心理契约的企业默会知识管理 [M]. 北京: 经济管理出版社, 2008

[24] 刘亭立. 基于微观视角的旅游产业价值链分析 [J]. 社会科学家, 2008 (03): 65-71

[25] 刘霞. 网络治理结构: 我国公共危机决策系统的实现选择 [[J]. 社会科学, 2005 (04): 34-40

[26] 刘蔚. 基于价值链(网络)理论的旅游产业竞争力分析 [J]. 北方经贸, 2006 (09)

[27] 陆载明. 在旅游信息化背景下的旅游价值链模式研究 [J]. 价值工程, 2006 (11): 7-14

[28] 卢俊义, 王永贵, 黄永春. 顾客参与服务创新与顾客知识转移的关

系研究——基于社会资本视角的理论综述和模型构建[J]. 财贸经济, 2009 (12): 128-134

[29] 罗珉. 管理学范式理论的发展[M]. 成都: 西南财经大学出版社, 2003

[30] 马费成, 王晓光. 知识转移的社会网络模型研究[J]. 江西社会科学, 2006 (7): 38-45

[31] 马汀·奇达夫, 蔡文彬. 社会网络与组织[M]. 北京: 中国人民大学出版社, 2007

[32] 曼纽尔. 网络社会的崛起[M]. 北京: 社会科学文献出版社, 2005

[33] 梅楠, 杨鹏鹏. 旅游目的地联合营销网络的构建[J]. 人文地理, 2010 (04): 147-152

[34] 潘旭明. 跨组织学习与知识转移机制研究[J]. 经济评论, 2007 (6): 88-93

[35] 彭正银. 网络治理、四重纬度与扩展的交易成本理论 经济管理, 2003 (18): 35-40

[36] 彭雪红. 三维治理: 关系治理、网络治理与知识治理——知识网络组织间合作伙伴关系的治理研究[J]. 图书情报工作, 2010 (03): 121-127

[37] 饶勇. 旅游企业知识创新管理的认知与实践——以珠江三角洲地区为例[J]. 旅游科学, 2009 (03): 68-73

[38] 任志安. 企业知识共享网络理论及其致力研究[D]. 西南财经大学博士论文, 2006

[39] 陶厚永. 知识共享机制对群体绩效的影响研究[J]. 科研管理, 2008 (3): 52-63

[40] 唐晓华, 张丹宁. 典型产业网络的组织结构分析[J]. 产业经济评论, 2008 (03): 45-60

[41] 唐炎华, 石金涛. 国外知识转移研究综述[J]. 情报科学, 2006 (1): 153-161

[42] 唐代剑. 旅游地复兴的第二曲线理论机器路径[J]. 经济地理, 2009

(05): 10-15

[43] 王德建. 网络治理的生成机制研究 [［D］. 山东大学研究生论文, 2006

[44] 王宏等. 企业知识共享机制的进化博弈分析 [J]. 科技管理研究, 2007 (11): 217-221

[45] 王慧敏. 旅游产业的新发展观: 5C 模式 [［J］. 中国工业经济, 2007, (6): 13-19.

[46] 王琴. 跨国公司商业模式——价值网络与治理逻辑 [［M］. 上海: 上海财经大学出版社, 2010

[47] 王庆生. 旅游产业组织问题初探 [J]. 中州大学学报, 2006 (1): 47-51

[48] 王霄, 胡军. 社会资本结构与中小企业创新——一项结构方程的实证研究 [J]. 管理世界, 2005 (7): 116-124

[49] 王延川. 更多还原自律与他律: 旅游行业治理模式的创新——兼论西安地区旅游行业法律制度构建 [J]. 理论导刊, 2007 (07): 99-103

[50] 王艳萍. 思维创新: 旅游研究者的必备能力 [J]. 旅游学刊, 2005 (05): 3-6

[51] 王毅, 吴贵生. 产学研合作中粘滞知识的成因与转移机制研究 [J]. 科研管理, 2001 (11): 114-122

[52] 王兆丰, 杨琴. 技术创新与进步对区域旅游产业成长机理作用与动力机制研究 [J]. 经济技术研究, 2010 (02): 17-20

[53] 王政君, 吴贵生. 我国旅游企业创新对绩效影响的实证研究——以云南旅游业为例 [J]. 科研管理, 2007 (06): 38-41

[54] 王政君, 吴贵生. 基于服务创新四维度模型的我国旅游企业创新模式分析——以云南旅游业为例 [J]. 商业研究, 2008 (07): 66-69

[55] 王素洁. 国外社会网络范式下的旅游研究述评 [J]. 旅游学刊, 2009 (07): 90-96

[56] 翁清雄, 胡蓓. 国外知识转移模型的研究进展 [J]. 科技进步与对策, 2007 (3): 195-198

[57] 魏江,王铜安.个体、群组、组织间知识转移影响因素的实证研究[J].科学学研究,2006(2):91-98

[58] 席恒 公共政策制定中的利益均衡[J].上海行政学院学报,2009(10):39-46

[59] 徐瑞平 陈莹 企业知识共享效果综合评估指标体系的建立[J].情报杂志,2005(10):23-27

[60] 谢彦君 旅游体验——旅游世界的硬核[J].桂林旅游高等专科学校学报,2005(06):37-40

[61] 叶红.我国旅游产业区模式:比较与实证分析[J].旅游学刊,2006,21(8):24-29.

[62] 姚小涛,席酉民.社会网络理论及其在企业研究中的应用[J].西安交通大学学报(社会科学版),2003(9):23-29

[63] 杨开峰.知识管理[A].北京:中国人民大学出版社,2004,戴维·A·加文.建立学习型组织[J].哈佛商业评论,1993(7/8)

[64] 杨开峰.知识管理[A].北京:中国人民大学出版社,2004,彼得·F·德鲁克.新型组织的出现[J].哈佛商业评论,1988(1/2)

[65] 野中郁次郎等.组织知识创新的理论:了解知识创新的能动过程[A].迪尔科斯等.组织学习与知识创新[C].上海人民出版社,2001

[66] 尹贻梅,陆玉麒,刘志高.旅游企业集群:提升目的地竞争力新的战略模式[J].福建论坛(人文社会科学版),2004,(8):22-25.

[67] 郁义鸿.知识管理与组织创新[J].上海:复旦大学出版社,2001

[68] 张承耀.体验经济的十大特征[J].经济管理,2004(21):46-52

[69] 张丹宁,唐晓华.产业网络组织及其分类[J].中国工业经济,2008(2):57-62

[70] 张志勇,刘益.基于网络视角的企业间知识转移研究[J].情报杂志,2007(11):70-73

[71] 张康之,程倩.网络治理理论及其实践[J].公共管理科学,2010(06):36-40

[72] 张钢. 企业组织网络化发展 [M]. 浙江大学出版社, 2005

[73] 张毅, 张子刚. 企业网络与组织学习间的关系链模型 [J]. 科研管理, 2005 (3): 136-143

[74] 庄志民. 文化遗产旅游产品创新设计的意象视角初探 [J]. 旅游学刊 2010 (05): 77-79

[75] 左美云. 知识转移与企业信息化 [M]. 科学出版社, 2006

[76] 邹再进. 面向系统经济的西部旅游业发展 [J]. 兰州学刊, 2002 (02): 36-40

[77] Alison Morrison *et al* 2004 International Tourism Networks, International Journal of Contemporary Hospitality Management Vo. 16 (3) pp 197-202

[78] Anne-Mette Hjalager 2002 Reparing innovation defectiveness in toursim, Tourism Management 23 pp465-474

[79] AnneZahra, Chris Ryan 2007 From chaos to cohesion—Complexity in tourism structures: An analysis of New Zealand's regional tourism organizations, Tourism Management, 28, pp. 855-862

[80] Benjanmin Coriat, Olivier Weinstein 2002 Organizations, firms and insititutions in the generation of innovation. Research Policy 31 pp 273-290

[81] C. Michael Hall and Allan M. Williams 2008 Tourism and Innovation Routledge, NY

[82] Dianne Dredge. Policy networks and the localorganization of tourism. TOURISM MANAGEMENT 27 (2006) 269-280

[83] Dunning, J. H., and M. McQueen 1982 The eclectic Theory of the Multinational Enterprise and the International Hotel Industry. In New theories of the Multinational Enterprise

[84] Frederic Darbellay, Mathis Stock TOURISM AS COMPLEX INTERDISCIPLINARY RESEARCH OBJECT. *Annals of Tourism Research*, Vol. 39, No. 1 pp. 441-458

[85] Frances S. Berry*et al* 2004 Three Traditions of Network Research: What

the public Management Research Agenda Can Learn from Other Research Communities. Public Administration Review Vol. 64 pp539-552

[86] Freeman R E. Strategic Management: A Stakeholder Approach [M]. Boston: Pitman/Ballinger, 1984. 46.

[87] Gereffi et a 2005 The governance of global value chains Review of International Political Economy 12 Fevruary pp78-104

[88] Gunjan Saxena2005 Relationships, networks and the learning regions: case evidence from the Peak District National Park, 26, pp. 277-289

[89] James Coleman 1988 Social capital in the creation of human capital , American journal of sociology

[90] Jen-Te, Chin-sheng Wan 2004 Advancing organizational effectiveness and knowledge management implementation. Tourism Management Vol. 25 pp593-601

[91] John P Moriaty 2004 Serving TwoMaster: Observation and recommendations on the transfer of tourism research into industry. A paper for presentation to the New Zealand Tourism and Hospitality Research Conference 2004, December, Welling, NZ

[92] Jon Sundboet al 2007 The innovation behavior of tourism firms— Comparative studies of Denmark and Spain, Research Policy 36 pp88-106

[93] Hamel, 1991 Learning in strategic Alliances: An Evolutionary Perspective Academy of Marketing Science Review

[94] HAWKINS F D. A 2004 protected areas ecotourism competitive cluster approach to catalyze biodiversity conservation and economic growth inBulgaria [J]. Journal of Sustainable Tourism, 12, (3) : 219-244.

[95] Honggen Xiao 2006 THE USE OF TOURISM KNOWLEDGE ResearchPropositions. Annals of Tourism Research Vol. 34, No. 2, pp. 310-331

[96] Jen-te Yang 2008 Individual attitudes and organizational knowledgesharing. Tourism Management Vol. 29 pp345-353

参考文献

[97] Kathryn Pavlovich 2003 The evolution and transformation of a tourism destination network: the WaitomoCaves, New Zealand, Tourism Management 24pp203-316

[98] Lash, S., and J. Urry 1994 Economies of sings and Space. London: Sage.

[99] Lavie 2006 The competitive adavantage of interconnected firms: An extension of the resource-based view, The Academy of Management Review Vol. 31 pp638-658

[100] Leiper, N 1979 The Framework of Tourism. Annals of Tourism Research 6: 390-407

[101] Lisa Ruhanen and Chris Cooper Applyingknowledge Management Framework to Tourism Research. Working paper

[102] Luciano da Fontoura Costa & Rodolfo Baggio2008 The Web of Connections between Tourism Companies in Elba: Structure and Dynamics

[103] Marina Novelli*et al* 2006 Networks, clusters and innovation in tourism: A UK experience. Tourism Management Vol27 pp1141-1152

[104] Meng-Lei Monica*et al* 2009 Hospitality teams: Knowledge sharing and service innovation performance. Tourism Management. 30. Pp41-50

[105] Mc Allister, 1995 Affect-And cognition-based trust as foundations for interpersonal cooperation in organizations, The Academy of Management Journal pp24-56

[106] Minna Halme 2001 LEARNING FOR SUSTAINABLE DEVELOPMENT IN TOURISMNETWORKS, Business Strategy and Environment 10. Pp. 100-114

[107] Morten H. Hansen 1999 The Search-TransferProblem: The Role of Weak Ties in Sharing Knowledge across Organization Subunits, Administrative Science Quarterly, 44, pp 82-111

[108] Nathan Rosberg 2004 Innovation and Economic Growth, OECD

[109] Noel Scott Cooper C. 2007 DestinationNetworks Four Australian Cases Annals of Tourism Research Vol. 35 (1), pp169-188

[110] Nonaka. 1994 A dynamic theory of organizational knowledge creation. Organization Science Vol5 pp4-37

[111] Tremblay 1998 The Economic Organization of Tourism, Annals of Tourism ResearchVol. 25 pp 837-859

[112] Pine II 1998 Welcome to ehexperience economy. Havard Busisness Review 76（4）97-105

[113] Robin Cowan, Luc Soete & Oxana 2001 Knowledge Transfer and the Services Sector in the Context of the New Economy. MERIT Research Memorandumseries Netherlands

[114] Rodolfo Baggio2006 Complex system, information technologies and tourism: a network point of view, Information Technology and Tourism, Vol. 8pp. 15-29

[115] Rosenberg "An Overview of Innovation" in The Positive Sum Strategy: Harnessing Technology for Economic Growth, under the direction of Ralph Landau and Nathan Rosenberg, National Academic Press, Washington, DC, 1986, p. 289

[116] Scott Tiffin 2000 INNOVATION CLUSTERS IN LATIN AMERICA 4TH International conference on Technology Policy and Innovation Curitiba, Brazil, Aug. 28

[117] S. C. Hallenga-Brink 2005 The sustainable innovation design diamond for micro-sized enterprises in tourism , Journal of Cleaner Production Vol 13pp 141-149

[118] Singh, 1998 The relational view: cooperative strategy and sources of interorganizational competitive advantage, Academy of management review, 1998 vol. 23, pp660-679

[119] Stamboulis, Y and P. Skayannis 2003 Innovation Strategies and Technology for Experience-Based Tourism. Tourism Management 24: 35-43

[120] Sturt Crainer, Key Management Ideas1996 A Division of Financial Times

Professional Li ited, Great Britain, p44

[121] Suraya Hamid & Hamidah Ahmad 2006 Requirements Analysis on Knowledge Management System for TourismMalaysia: A Framework Paper presented at the 5th International Conference on E-business, Bangkok, Thailand

[122] Susanne Jensen 2004 The role of cooperation and institutional knowledge for the development of the Danish tourism industry . GRUID Winter Conference paper January 22-24, Rebuild

[123] Tirole 2003 Platform competition in two-sided markets Journal of the European Economic, Vol. 1 pp 990-1029

[124] Tazim B. Jamal&Donald Getz 1995 COLLABORATION THEORY AND COMMUNITY TOURISMPLANNING, Annals of Tourism Research, Vol. 22, pp. 186-204

[125] Teece, D. 1997 Technology transfer by multinational firms: the resource cost of transferring technological know-how, The Economic Journal, (87) pp242-261

[126] Tribe 1997 The indiscipline of tourism , Annals of tourism research , vol. 24 pp638-657

[127] Urry, J. The sociology of tourism. In progress in tourism, recreation and hospitality management pp. 48-57

[128] Uzzi. B 2003 RelationalEmbeddedness and Learning: The Case of Bank Loan Managers and Their Clients, Management Science Vol. 49, No. 4, pp. 383-399

[129] Valentina Ndou and Giuseppina Passiante. Value Creation in Tourism Network Systems. INFORMATION AND COMMUNICATION TECHNOLOGIES IN TOURISM 2005 (14): 440-451

[130] Walter W. Powell 1990 NEITHER MARKETING NOR HIERARCHY: NETWORK FORMS OF ORGANIZATION, Research in Organization Behavior, Vol. 12, pp295-336

[131] Wiig KM Knowledge Management Foundation. Schema Press. 1993

[132] Xiao honggen 2006 Towards a research agenda for knowledgemanagement, Tourism and hospitality planning and development Vol. 3 Issue 2 pp143−157

[133] Yeoryios Stanboulis PantoleonSkayannis 2003 Innovation strategies andtechnology for experience-based tourism, Tourism Management Vol 24 pp35−43

[134] Zingales, 2000 Investment-cash flow sensitiveties are not valid measures of financing constraints, The Quarterly Journal of Economics volume 15 pp707−712